GEARQUIA

Domínio Climático na Geopolítica

12/08/2014

r12820301

GEARQUIA

Gear = fazer neve

Arquia = governar

GEARQUIA = SOCIEDADE GOVERNADA
PELO GELO, CUJA ESTRUTURA É
CONTINGENCIADA
SOCOPOLITICAMENTE PELO FRIO.

Alguns trabalhos de Huntington foram
feitos a partir do puro amor de exploração,
a maior parte foi direcionada para um
objetivo definido. Seu propósito era, em
geral, para estudar os efeitos das
condições geográficas sobre a vida e o
carácter dos povos primitivos.

Mais tarde, ele tornou-se particularmente
interessado na questão das mudanças do
clima durante os tempos históricos. Todas
as suas viagens posteriores foram
planificadas a fim de lançar a luz sobre
este assunto.

Foi a investigação de lagos antigos que o
levou para as regiões perigosas do
Afeganistão e para os resíduos de sal
inexplorados de Lop.

Seu trabalho deu origem a uma teoria distinta das mudanças do clima pulsante, e deu seu efeito sobre a história.

Prova disto parece ser encontrada não apenas entre as ruínas, rios e lagos da Ásia, mas também nas árvores da Califórnia, e na civilização notável, que nasceu cerca de 2000 anos atrás na América Central. Publicou "Climate Factor" e "The Solar Hypothesis of Climatic Changes".

Ele recebeu o grau de Mestre em Artes pela Universidade de Harvard em 1902, e de Doutor em Filosofia na Universidade de Yale em 1909. Ele pertence a igreja congregacional, e é independente da política (Ibdim).

Ele estava na comissão permanente original da fundação para o estudo dos ciclos de 1941. Ele preocupou-se também em estudar para melhor entender a América no século 20, com a raça a ser um factor importante como foi. Sendo um respeitado Professor na Universidade de Yale, num momento abriu em 1919 a "Chronicles of America" (uma série destinada ao público em geral, júnior e leitura do nível do ensino médio) volume I", "O Continente do Homem Vermelho".

Em seu tópico sobre a origem do capitalismo o grande Sociólogo-economista-antropólogo Weber, Max construiu uma teoria associando o comportamento social dos protestantes da Suíça, Inglaterra e da França com a ideologia capitalista, escrevendo a obra intitulada "A Ética Protestante e Espírito do Capitalismo".

Nessa obra o autor Max Weber, alemão, observa em palavras gerais, que todo o sucesso do sistema capitalista tem tudo a ver com a ética protestante: a) a capacidade de poupança; b) a teologia da prosperidade; c) o compromisso com o trabalho; d) a honestidade no cumprimento dos compromissos; e) a pontualidade; f) a teologia da predestinação.

Gostaríamos de acrescentar mais uma covariável interveniente ao problema da explicação do sucesso sistema econômico capitalista, sem excluir a variável religião, e adicionar a covariável interveniente clima ao problema do estudo da prosperidade.

Alguns séculos antes da obra de Max Weber o economista inglês Adam Smith tentou explicar em sua obra "A Riqueza das Nações" o por que algumas nações enriquecem e outras não.

Ele, Smith, atribui à ganância humana e ao egoísmo humano, que gera esta ganância, ao sucesso econômico das nações que aderem ao regime de total liberdade dos agentes econômicos na microeconomia que por sinestesia positiva acabam influindo no progresso da macroeconomia das nações onde impera o liberalismo.

Ainda neste problema de Smith onde a variável liberdade é a mais importante acrescentaria, sem excluir a variável liberdade econômica, a covariável interveniente climática.

Uma Investigação sobre a Natureza e as Causas da Riqueza das Nações, mais conhecida simplesmente como A Riqueza das Nações, é a obra mais famosa de Adam Smith. Composta por 5 livros (ou partes), foi publicada pela primeira vez em Londres em março de 1776, pela casa editorial de William Strahan e Thomas Caldell. Uma segunda edição foi lançada em fevereiro de 1778, seguida por mais três edições: em 1784, 1786 e 1789, sendo esta a última edição feita em vida pelo autor.

Além de análises teóricas sobre o funcionamento das chamadas sociedades comerciais e os problemas associados à divisão do trabalho, ao valor, à distribuição da renda e à acumulação de capital, o livro traz considerações históricas e farto material empírico, sendo considerado um momento de inflexão no desenvolvimento da história do pensamento econômico.

Publicada no mesmo ano da Declaração de Independência dos Estados Unidos, a obra foi objeto de um sem número de controvérsias, tendo sido lida como uma defesa irrestrita do individualismo e do liberalismo, visão que teria sido sintetizada na metáfora da mão invisível.

Esta leitura é hoje em dia objeto de crítica pelos especialistas no pensamento de Adam Smith.

Adam Smith (provavelmente Kirkcaldy, 5 de junho de 1723 — Edimburgo, 17 de Julho de 1790) foi um filósofo e economista escocês. Teve como cenário para a sua vida o atribulado século das Luzes, o século XVIII.

É o pai da economia moderna, e é considerado o mais importante teórico do liberalismo econômico.

Autor de "Uma investigação sobre a natureza e a causa da riqueza das nações", a sua obra mais conhecida, e que continua sendo usada como referência para gerações de economistas, na qual procurou demonstrar que a riqueza das nações resultava da atuação de indivíduos que, movidos inclusive (e não apenas exclusivamente)2 pelo seu próprio interesse (self-interest), promoviam o crescimento econômico e a inovação tecnológica.

Adam Smith ilustrou bem seu pensamento ao afirmar "não é da benevolência do padeiro, do açougueiro ou do cervejeiro que eu espero que saia o meu jantar, mas sim do empenho deles em promover seu "auto-interesse".

Assim acreditava que a iniciativa privada

deveria agir livremente, com pouca ou nenhuma intervenção governamental. A competição livre entre os diversos fornecedores levaria não só à queda do preço das mercadorias, mas também a constantes inovações tecnológicas, no afã de baratear o custo de produção e vencer os competidores.

Ele analisou a divisão do trabalho como um fator evolucionário poderoso a propulsionar a economia. Uma frase de Adam Smith se tornou famosa: "Assim, o mercador ou comerciante, movido apenas pelo seu próprio interesse egoísta (self-interest), é levado por uma mão invisível a promover algo que nunca fez parte do interesse dele: o bem-estar da sociedade." Como resultado da atuação dessa "mão invisível", o preço das mercadorias deveria descer e os salários deveriam subir.

As doutrinas de Adam Smith exerceram uma rápida e intensa influência na burguesia (comerciantes, industriais e financistas), pois queriam acabar com os direitos feudais e com o mercantilismo.

Em 1759, Smith publicou seu primeiro trabalho, A Teoria dos Sentimentos Morais (The Theory of Moral Sentiments no original). Continuou a fazer grandes revisões do livro até à sua morte. Apesar de A Riqueza das Nações ser considerada como a obra mais influente de Smith, acredita-se que o próprio Smith considerasse a Teoria dos Sentimentos Morais uma obra superior.

Na obra, Smith examina criticamente o pensamento moral do seu tempo, e sugere que a consciência surge das relações sociais. Com a sua obra pretende explicar a origem da capacidade da humanidade em formar juízos morais, apesar da natural tendência dos homens aos auto-interesses.

Smith propõe uma teoria da simpatia, em que o ato de observar os outros torna as pessoas conscientes de si e da moralidade de seu comportamento.

Estudiosos têm tradicionalmente percebido um conflito entre a Teoria dos Sentimentos Morais e A Riqueza das Nações, a primeira enfatiza a simpatia pelos outros, enquanto a segunda focasse no papel do auto-interesse.

Deve-se apontar que a visita de Smith a França (1764-1766) influenciou a última obra mas não a primeira.

De certa forma, A Riqueza das Nações só pode ser compreendida no quadro de referência da economia política dos fisiocratas (e de Quesnay, em particular).

Nos últimos anos, porém, a maioria dos estudiosos da obra de Smith têm argumentado que não existe contradição. Em A Teoria dos Sentimentos Morais, Smith postula que os indivíduos buscam a aprovação através do "observador imparcial" que é resultado de um desejo natural entre os indivíduos, mais respectivamente ao agente da ação, acerca de se posicionar de um ponto de vista imparcial, para bem julgar, relações simpatizantes mútuas que se fazem nas relações sociais.

As obras, portanto, enfatizam aspectos diferentes da natureza humana, que variam dependendo da situação.

A riqueza das nações baseia-se em situações onde a moralidade do homem é susceptível de desempenhar um papel menor, como o trabalhador envolvido na elaboração do trabalho, enquanto que a Teoria dos Sentimentos Morais se centra em situações onde a moralidade do homem é susceptível de desempenhar um papel dominante entre as relações intercambiáveis das pessoas.

A Riqueza das Nações foi muito influente, uma vez que foi uma grande contribuição para o estudo da economia e para a tornar uma disciplina independente.

Este livro tornar-se-ia uma das obras mais influentes no mundo ocidental.

Quando o livro, que se tornaria um estudo contra o mercantilismo, foi publicado em 1776, havia um sentimento forte contra o livre comércio, quer no Reino Unido como também nos Estados Unidos.

Esse novo sentimento teria nascido das dificuldades econômicas e as privações causadas pela guerra. No entanto, ao tempo da publicação nem toda a gente estava convencida das vantagens do livre comércio: o parlamento inglês e o público em geral continuariam apegados ao mercantilismo por muitos anos.

A Riqueza das nações, e também a Teoria dos sentimentos morais, este de menor impacto, tornaram-se ponto de partida para qualquer defesa ou crítica de formas do comunismo, nomeadamente influenciando a escrita de Karl Marx e de economistas humanistas.

Em anos recentes, muitos afirmaram que Adam Smith foi tomado de rapto por economistas liberais (Laissez-faire economists) e que como a Teoria dos sentimentos morais mostra, Smith tinha uma inclinação pelo humanismo.

Tem havido alguma controvérsia sobre a extensão da originalidade de Smith em Riqueza das nações; alguns argumentam que esta obra acrescentou pouco às ideias estabelecidas por pensadores como David Hume e Montesquieu. No entanto, ela permanece como um dos livros mais influentes neste campo até hoje.

A obra de Smith é aclamada quer pelo mundo acadêmico como na prática.

O primeiro-ministro britânico William Pitt, a braços com a derrocada econômica e social dos anos que se seguiram à independência americana, foi um partidário do comércio livre e chamou Riqueza das nações de "a melhor solução para todas as questões ligadas à história do comércio e com o sistema de economia política".

A obra Riqueza das Nações popularizou-se pelo uso da expressão da mão invisível do mercado.

Segundo Adam Smith os agentes econômicos atuando livremente chegariam a uma situação de eficiência, dispensando assim a ação do Estado para esse efeito.

Assim, atuando de forma livre, os mercados seriam regidos como se por uma mão invisível que o regula automaticamente sempre chegando a situação ótima ou de máxima eficiência.

Curiosamente a expressão aparece apenas uma vez na obra Riqueza das Nações.

Agora sim, com a covariável clima-frio podemos adicionar à cultura protestante, e à liberdade, a contingência do frio modificando e reforçando o ethos das culturas liberal-protestante e construir uma explicação mais complexa para o sucesso destas civilizações no mundo.

Não é privilégio exclusivo da religião protestante da era Weberiana o comportamento desejável pró-capitalista, vemos outras religiões como o confucionismo, o budismo e o xintoísmo caminharem para um projeto de vida ascética e regrada que em muito auxiliam naquele comportamento econômico e ético típico dos acumuladores e dedicados trabalhadores que metodicamente sabem acumular riqueza e tem aversão ao desperdício, à ostentação e à indisciplina econômica.

A ética protestante e o "espírito" do capitalismo (no original em alemão Die protestantische Ethik und der 'Geist' des Kapitalismus) é um livro escrito por Max Weber, um economista e sociólogo alemão. Escrito entre 1904 e 1905 com uma série de ensaios que foram, mais tarde, em 1920 - ano de sua morte - complementados pelo autor e publicados em um livro, no qual ele investiga as razões do capitalismo ter sido desenvolvido inicialmente em países como a Inglaterra e a Alemanha, concluindo que isso se deve à mundividência e hábitos de vida instigados ali pelo protestantismo na época.

É argumentado frequentemente que esta obra não deverá ser vista como um estudo detalhado do protestantismo, mas antes como uma introdução às suas obras posteriores, especialmente no que respeita aos seus estudos da interação de ideias religiosas com comportamento econômico.

Neste livro, Weber avança a tese de que a ética e as ideias puritanas influenciaram o desenvolvimento do capitalismo. Tradicionalmente, na Igreja Católica Romana, a devoção religiosa estava normalmente acompanhada da rejeição dos assuntos mundanos, incluindo a ocupação econômica. Tais conflitos eram baseados na luta ascética - não valorização do corpo e desprendimento material. Por que não foi o caso com o Protestantismo? Weber aborda este paradoxo nesta obra.

Ele define o espírito do capitalismo como

as ideias e hábitos que favorecem, de forma ética, a procura racional de ganho econômico. Weber afirma que tal espírito não é limitado à cultura ocidental mas que indivíduos noutras culturas não tinham podido por si só estabelecer a nova ordem econômica do capitalismo. Como ele escreve no seu ensaio: "Por forma a que uma forma de vida bem adaptada às peculiaridades do capitalismo possa predominar sobre outras (formas de organização), ela tinha de ter origem algures, e não pela ação de indivíduos isolados mas como uma forma de vida comum aos grupos de homens".

Após definir o espírito do capitalismo, Weber argumenta que há vários motivos para procurar as suas origens nas ideias religiosas da Reforma Protestante. Muitos observadores como William Petty, Montesquieu, Henry Thomas Buckle, John Keats e outros tinham já comentado a afinidade entre o protestantismo e o desenvolvimento do espírito comercial.

Weber mostrou que certos tipos de Protestantismo (em especial o Calvinismo) favoreciam o comportamento econômico racional e que a vida terrena (em contraste com a vida "eterna") recebeu um significado espiritual e moral positivo. O Calvinismo trouxe a ideia de que as habilidades humanas (música, comércio etc.) deveriam ser percebidas como dádiva divina e por isso incentivadas. Este resultado não era o fim daquelas ideias religiosas, mas antes um subproduto ("byproduct"). A lógica inerente destas novas doutrinas teológicas e as deduções que se lhe podem retirar, quer direta ou indiretamente, encorajam o planejamento e a abnegação ascética em prol do ganho económico.

Deve-se notar que Weber afirmou que apesar de as ideias religiosas puritanas terem tido um grande impacto no desenvolvimento da ordem econômica na Europa e nos Estados Unidos, eles não foram o único fator responsável pelo desenvolvimento. Outros fatores, relacionados, seriam o racionalismo na ciência, a mistura da observação com a matemática, a jurisprudência, a sistematização racional da administração governativa e o empreendimento econômico.

Em conclusão, o estudo da ética protestante, de acordo com Weber, explorava meramente uma fase da emancipação da magia, o desencantamento do mundo, uma característica que Weber considerava como uma peculiaridade que distingue a cultura ocidental.

Weber afirmou ter deixado a pesquisa do protestantismo porque o seu colega Ernst Troeltsch, um teólogo profissional, tinha iniciado o trabalho no livro "Os ensinamentos sociais das igrejas e seitas cristãs". Outra razão para a decisão de Weber foi que este ensaio providenciava uma perspectiva para a comparação mais larga de religiões e sociedades, que ele continuou em suas obras posteriores (estudos da religião na China, Índia, Judaísmo).

A obra é considerada por muitos intelectuais contemporâneos como o livro do século. Nesta obra seu autor, o sociólogo alemão Max Weber, versa em seu corpo sobre a cultura de frugalidade - simplicidade de costumes de vida; temperança - propagada pela ideologia da Igreja Católica da época, e que foi reproduzida no Brasil desde o descobrimento, em oposição à valorização da santificação da vida diária pregada especialmente pelos protestantes da doutrina Calvinista.

Da análise de seu texto se evidencia a correlação com a temática abordada por Emile Durkheim, a temática religiosa, contudo devido a análise de suas peculiaridades, a obra de Weber se distância da obra de Durkheim, principalmente devido a realidade vivida pela sociedade alemã do século XIX e da defesa do autor sobre a importância do papel da política na vida social, sendo esta realizada através de uma burocracia eficiente e controlada pela democracia, condição que justifica a origem de um sistema legal voltado para o capitalismo.

O livro "A ética protestante e o Espírito do Capitalismo", se origina da união de dois longos artigos publicados pelo autor nos anos de 1904 e 1905, sendo que no artigo intitulado "Espírito do Capitalismo", o autor retrata suas observações quanto ao fato de em sua maioria, os homens de negócio, os grandes capitalistas, os operários de alto nível e o pessoal especializado do período pertencerem a religião protestante (calvinista), e através do isolamento de suas características em comum e estabelece um "tipo ideal de conduta religiosa", que consiste na elaboração limite de algo, vazio a realidade concreta.

 Com a publicação da Ética Protestante, o criador da obra literária expõe suas observações visando explicar a existência de algo em quem professa o protestantismo, em particular a doutrina protestante de linha calvinista, que se distingue por santificar a vida diária em contraposição à contemplação do divino, condição que favorece o espírito capitalista moderno, notoriamente o alemão, ou seja, o autor busca idealizar, identificar, o tipo ideal de conduta religiosa, em oposição ao conceito pregado pela Igreja Católica, que na época por meio do conceito da piedade popular e da espera da recompensa na vida após a morte; e a mensagem protestante de linha luterana, que acredita que o homem já nasce predestinado a salvação, condutas que repugnavam a obtenção do lucro e que deste modo iam de encontro ao ideal burguês.

Ao definir propriamente o que seria a ordem econômica capitalista Weber afirma que tal ordem "é um imenso cosmos em que o indivíduo já nasce dentro e que para ele, ao menos, enquanto indivíduo, se dá como um fato, uma crosta que ele não pode alterar e dentro da qual tem que viver. Esse cosmos impões ao indivíduo, preso nas redes do mercado, as normas de ação econômica. O fabricante que insistir em transgredir essas normas é indefectivelmente eliminado, do mesmo modo que o operário que a elas não possa ou não queira se adaptar é posto no olho da rua como desempregado."

Mais adiante em seu livro, Weber cita Pieter de la Cour para exemplificar o raciocínio do povo naquela época em que vivia: " [...] o povo só trabalha porque é pobre, e enquanto for pobre." Nesta breve citação, extrai-se algo extraordinário, que é dito por Weber anteriormente. Se o indivíduo tiver que trabalhar mais para poder ganhar mais, ele prefere trabalhar o mesmo tanto para continuar ganhando aquilo que ele já ganhava.

Ou seja, a pessoa vai procurar trabalhar o mínimo possível para garantir o seu bom sustento e ter como comer e dormir. A ética protestante veio mudar este raciocínio, dizendo que a salvação do indivíduo estaria relacionada com o quanto que ele ganhava, o tanto de dinheiro que possuía, instruindo assim a relação com o capitalismo.

Max Weber defende o estabelecimento de um raciocínio lógico capitalista, que o mesmo denomina racionalismo; sendo esta leitura realizada através da comparação da Alemanha do período com outros países civilizados do planeta em condição de desenvolvimento semelhante, ou seja, com existência do capitalismo e de empresas capitalistas, sendo identificado na primeira uma estrutura social, política e ideológica ímpar, que pode se ditar como a condição ideal para o surgimento do capitalismo moderno, que no seu interior defende a paixão pelo lucro como demonstração de prosperidade, fé e salvação.

Neste contexto o autor expõe através do emprego do método e da pesquisa científica uma das várias facetas do capitalismo, o capitalismo ocidental, apresentando em sua obra científica como as principais características do Sistema Capitalista a organização capitalista racional do trabalho livre, a separação dos negócios da moradia da família e a implementação da contabilidade racional; da qual se origina a classe burguesa ocidental ligada estreitamente à divisão do trabalho.

Os países subpolares e os polares sofrem durante períodos que vão de três meses até seis meses por ano um processo severo de esfriamento da atmosfera e isso traz consequências que vão muito além da adaptação pura e simplesmente a essa intempérie climática produzida pela necessidade de aquecimento do corpo humano.

O sistema climático severo dos pólos terrestres acontece de modo extremamente regular e sistemático, obrigando aos sobreviventes a se adaptarem aos períodos de intenso frio que acaba obrigando-os a mais completa inércia diante das impossibilidades de exercerem qualquer atividade que não seja absolutamente necessária fora dos abrigos aquecidos e calafetados ou fora de suas residências.

Estas circunstâncias exigem que os sobreviventes mais eficazes façam reservas de alimentos e de suprimentos necessários para enfrentarem autonomamente durante os períodos de severa baixa das temperaturas externas nos seus abrigos contra o frio.

Isso significa que nos países polares e subpolares a sociedade está totalmente proibida de conhecer durante meses algumas práticas e fatos sociais que seriam visíveis e comuns em países tropicais e equatoriais.

Práticas, costumes, comportamentos e atos sociais nas regiões polares e subpolares são severamente punidos e limitados pelas contingências da natureza, como por exemplo o comportamento social da vadiagem, da mendicância e da vida livre e desgarrada da sociedade: a natureza não permite que pessoas perambulem sem destino, porque o frio as mataria, as aniquilaria impiedosamente.

Mas não é só: o frio intenso obriga as pessoas a se reunirem em grupos, bandos, famílias aumentando a solidariedade orgânica, porque à semelhança de um navio, depois de embarcados não se pode mais deixar a embarcação ou a aeronave até a chegada a um porto ou aeroporto.

Estão todos obrigados a solidariamente e compulsoriamente a dividirem o mesmo espaço, o mesmo ar e seguirem estritamente as normas de tolerância e de socialização forçada.

O que fazer nestes três a seis meses de confinamento obrigatório?

Para não enlouquecer, ou cair em tédio ou depressão nesta rotina de confinamento muitas estratégias são empregadas pelas civilizações e culturas as quais desenvolveram práticas sociais e hábitos para suportarem este estágio de hibernação social e confinamento, como se estivessem em uma estação espacial em órbita da terra.

a) A primeira lição que tiramos da Gearquia é a disciplina necessária para organizar a vida social em um confinamento;

b) A segunda lição que tiramos da Gearquia é a capacidade de autopreservação psíquica necessária para suportar a rotina monótona deste confinamento;

c) A terceira lição que tiramos da Gearquia é a organização da rotina e do ritual diário exigido para conservar e consumir os suprimentos de modo a chegar até o final do inverno sem sofrer a escassez deles através da administração diária e rigorosa dos suprimentos armazenados antes do inverno.

d) Por último e nem por isso menos importante, a Gearquia nos ensina que estes longos períodos de recolhimento físico aumenta as chances de um crescimento intelectual e um momento importante para se aperfeiçoar as habilidades pessoais, artísticas e intelectuais.

Círculo Polar Ártico

O Círculo Polar Ártico (AO 1945: Círculo Polar Ártico) é o paralelo da latitude 66º 33' 44" 1 (ou 66.5622°) Norte. Define uma linha imaginária no planeta, ao norte da qual há pelo menos um dia de noite absoluta (24 horas de escuridão) no inverno e pelo menos um dia de luz absoluta (24 horas de sol) no verão boreal (sol da meia-noite) por ano.

Aí há um dia por ano no qual o sol não aparece, ficando, porém, na fímbria do horizonte. Daí para o norte, ocorrem gradativamente mais dias sem que o sol apareça, até que no Pólo Norte, durante seis meses, o sol não aparece.

As áreas ao norte deste paralelo são frias o ano inteiro, passando praticamente o tempo todo com temperaturas abaixo do ponto de congelamento.

Nestas latitudes, a amplitude térmica anual é geralmente superior aos 30°C, variando de vários graus abaixo de zero durante o inverno boreal, a até poucos graus acima de zero no verão boreal.

Tanto que durante o inverno o Mar Glacial Ártico costuma congelar, formando uma calota de gelo durante a longa noite fria, que na latitude 90º N pode durar até seis meses.

As principais áreas pelas quais passa o Círculo Polar Ártico são o norte do Canadá, o sul da Gronelândia, o extremo norte da Islândia (ilha de Grímsey), o norte da Escandinávia e o norte da Rússia.

Ao longo do tempo os Círculos Polares movem-se, estimando-se esse movimento em cerca de 15 metros por ano no sentido da redução.

A área a norte do Círculo Polar Ártico é escassamente habitada. As maiores cidades são Murmansk, (Rússia, pop. 325 100), Norilsk, (Rússia, pop. 135 000), Tromsø (Noruega, pop. 62000) e Rovaniemi (Finlândia, pop. 59.000).

São relativamente poucas as pessoas que vivem ao norte do Círculo Polar Ártico devido ao clima. As três maiores comunidades acima do Círculo Polar Ártico estão situados na Rússia: Murmansk (população 325.100), Norilsk (135.000), e Vorkuta (85.000). Tromsø (na Noruega) tem cerca de 62.000 habitantes, enquanto que Rovaniemi (na Finlândia), que se situa ligeiramente a sul da linha, tem um pouco menos de 58.000.

A Europa Fria

Europa

Mapa político da Europa.

O continente europeu é um dos menores continentes, superando somente a Oceania, diante disso, ocupa uma área territorial de 10.530.751 quilômetros quadrados que corresponde a 7% das terras emersas do planeta, esse continente possui uma particularidade, está fisicamente ligado à Ásia, juntos são conhecidos como Eurásia.

Outros definem a Europa não como um continente, mas sim como uma imensa península, em razão de seu litoral recortado. A Europa está localizada no oeste da eurásia, seu território permanece quase em sua totalidade no oriente, acima do paralelo do Equador, ou seja, no hemisfério norte. O território desse continente limita-se ao norte com o Oceano Glacial; com os mares Mediterrâneo e Negro ao sul; Oceano Atlântico a oeste e com os Montes Urais, o Rio Ural e o Mar Cáspio ao leste.

No continente europeu existem muitos países, dentre esses o de maior território é a Rússia, com 40% da área total, o restante abriga 40 países. Apesar de muitos países europeus possuírem territórios relativamente restritos, tornaram-se verdadeiras potências políticas e econômicas mundiais, tais como Reino

Unido, Alemanha, França e Itália, que fazem parte do G-8 (grupo dos países mais ricos do mundo).

Quanto às características físicas ou naturais, a Europa apresenta uma série de particularidades, diante disso apresentamos os principais aspectos do relevo, hidrografia, clima e vegetação

Relevo

O relevo europeu é constituído basicamente por duas unidades de relevo, que são as planícies e os maciços antigos, ocupando especialmente o centro e o norte do continente. Existem também os dobramentos modernos que são compostos por áreas montanhosas, provenientes do pouco tempo de processo erosivo, portanto sofreu pouco desgaste, essa característica é comum desde o sul até a Península Ibérica.

Dentre os dobramentos modernos e de relevo mais elevado, os principais são: os Pireneus, ocupa uma área de 450 quilômetros entre os limites territoriais da França com a Espanha, em alguns pontos as altitudes podem atingir 3.000 metros. Os Alpes, ocorre em uma extensão de 1.100 quilômetros e atravessa o território da França, Itália, Alemanha, Suíça e Áustria; e o ponto mais elevado é o Monte Branco com 4.807 metros.

Os Apeninos encontram-se na Itália e percorrem o território de norte a sul, em pelo menos 1.500 quilômetros, essa região abriga vulcões sendo que alguns são ativos. Cárpatos ocorre nas terras da Eslováquia, Polônia, Ucrânia e Romênia e o Cáucaso está situado entre o Mar Negro e o Mar Cáspio nos territórios da Rússia, Geórgia, Armênia e Azerbaijão.

Hidrografia

Em razão da composição climática

existente na Europa, os rios presentes no continente são relativamente pequenos quanto a seu curso e volume, apesar das limitações, esses mananciais foram sempre muito importantes para as atividades desenvolvidas na região, especialmente por se tratar de rios navegáveis.

Nesse sentido, os rios principais do continente europeu são: rio Reno (1.300 km de extensão) que nasce nos Alpes; Sena (770 km de extensão), sua nascente está localizada ao sudeste de Paris; Ródano (800 km de extensão), nascente nos Alpes suíços; Volga (3.531 km de extensão), nasce a noroeste de Moscou e Danúbio (mais de 2.800 km de extensão), nasce nos Alpes alemães.

Clima

A Europa está localizada na zona temperada da Terra, dessa forma, apresenta climas de temperaturas mais amenas, dentre as particularidades de cada região podem ser identificados diversos tipos de climas, sendo que os principais são

Clima de montanha: ocorre especialmente em áreas de relevo de grandes altitudes, como os Alpes e Pireneus, nessas áreas as chuvas são bem distribuídas durante todo o ano, elas se desenvolvem de forma mansa e rápida, os invernos são extensos e rigorosos, constituídos por nevadas e geadas.

Temperado oceânico: é formado por um

elevado índice pluviométrico, especialmente na primavera e no inverno, e temperaturas amenas

Temperado continental: ocorre no centro e leste da Europa, as chuvas desenvolvem com menos incidência que no temperado oceânico e amplitudes térmicas mais elevadas.

Subpolar: predomina em áreas próximas à região ártica, é constituída por duas estações bem definidas, sendo que o inverno é extremamente rigoroso e longo, com temperaturas que atingem -50°C e verão com período bastante restrito, com temperaturas que variam entre 16°C e 21°C.

Mediterrâneo: esse tipo de clima é típico do sul da Europa com verões quentes e invernos mais amenos em relação a outras regiões do continente, nesse há duas estações bem definidas, seca no verão e chuvosa no inverno.

Vegetação

A composição vegetativa da Europa é variada em razão dos diferentes solos e climas, desse modo, podem ser identificados diversos tipos de vegetações, dentre elas estão:

Tundra: essa cobertura vegetal é comum em regiões de clima subpolar, vegetação constituída por musgos, gramíneas, arbustos e liquens, flora proveniente da junção de fungos e algas.

Floresta conífera: composição vegetativa constituída por pinheiros em áreas do sul.

Floresta temperada: é composta por pinheiros, além de árvores como a faia e o carvalho, esses vegetais têm característica de perder as folhas no inverno, conhecidos por floresta caducifólia.

Estepes: vegetação composta por herbáceas ou gramíneas provenientes dos solos férteis.

Vegetação mediterrânea: é composta por xerófilas, plantas típicas de regiões secas, tais como maquis e garrigues.

Por Eduardo de Freitas

Graduado em Geografia

As maiores contribuições para a humanidade em todos os ramos do conhecimento científico, artístico e humanitário vem dos países frios da Europa e da Ásia, e mesmo nestas áreas excluindo-se os países mais "quentes" os de climas menos polares e menos subpolares como por exemplo, Portugal, Espanha, Grécia, Romênia, os quais deram contribuições importantes para a cultura e civilização universal, como o descobrimento e colonização das Américas pelos portugueses e espanhóis, pela cultura helênica há 2,8 mil anos, pelo cristianismo o oriente médio, pela álgebra e aritmética dos médio-orientais, enfim, as maiores realizações ficaram por conta das civilizações oriundas dos países frios e muito frios.

Alfred Nobel

Criador do Premio Nobel

Biografia de Alfred Nobel:]

Alfred Nobel (1833-1896) foi o criador do Premio Nobel. Inventou a dinamite, a balistite e outros detonantes. Era químico e industrial sueco. Usou sua fortuna para ajudar as organizações pacifistas e, antes de morrer, deixou seus bens para uma fundação que premiasse anualmente, cinco personalidades de destaque mundial da física, química, medicina, literatura e em especial a quem contribuísse de maneira notável para a paz entre os homens, receberia o Prêmio Nobel da Paz.

Alfred Nobel (1833-1896) nasceu em Estocolmo, Suécia, em 21 de outubro. Seu pai modesto agricultor, resolveu estudar engenharia militar e já formado foi convidado pelo governo Russo a trabalhar na construção de engenhos militares. Partiram para a Rússia e em pouco tempo já possuíam jazidas petrolíferas em Baku, ao sul da Rússia.

Alfred e os irmãos Robert e Ludwig foram educados por professores particulares. Estudou em São Petersburgo e aos 16 anos já era um químico competente. Falava inglês, francês, alemão, russo, além de sueco. Foi mandado para os Estados Unidos, onde passou um ano trabalhando com Johan Ericsson, um engenheiro sueco. Voltou com capacidade para dirigir a exploração de petróleo, mas sua ambição era fazer experiências com explosivos, que mal se conhecia naquele tempo.

De volta à Suécia Alfred e seu pai montam um laboratório de pesquisas, na cidade de Helenborg, próximo a Estocolmo. Começam as pesquisas com nitroglicerina e em pouco tempo Alfred descobre a forma de fazer detonar essa substância. Uma explosão destruiu todo o laboratório, várias pessoas morreram entre elas, um irmão.

Proibido pelo governo de reconstruir a fábrica e estigmatizado como "cientista louco", Nobel instalou fábricas na Alemanha e Noruega. Os acidentes não cessaram, mas em 1866, Nobel descobre a maneira de minimizar o perigo de manusear a nitroglicerina, ao misturá-la com um material inerte e absorvente, que só explodia com um detonador especial. Nobel batizou o produto de dinamite.

O invento permitiu-lhe multiplicar suas fábricas. Em 1875 era dono de centros produtores de dinamite em vários países da Europa e nos Estados Unidos. Continuando suas pesquisas inventou a balistite, uma pólvora, que logo foi usada em vários países para fins militares.

Nobel acumulou grande fortuna com suas fábricas. Solitário, sem filhos e abalado com a utilização de seus inventos para fins bélicos, Usou parte de sua fortuna para ajudar as organizações pacifistas. Determinou que após sua morte, uma fundação patrocinasse anualmente, a entrega de cinco prêmios para quem se destacasse em física, química, medicina, literatura e quem contribuísse para a paz mundial.

Alfred Bernhard Nobel morreu em San Remo, Itália, em 10 de dezembro de 1896. A Fundação Nobel foi criada no dia 29 de junho de 1900. Desde 1902 quatro prêmios são entregues pelo Rei da Suécia e o Nobel da Paz é entregue em Oslo, na Noruega.

Por Diogo Silva

O Prêmio Nobel foi instituído pelo químico e industrial sueco Alfred Nobel, e, desde 1901, reconhece pessoas que fizeram pesquisas importantes, criaram técnicas pioneiras e contribuíram para o desenvolvimento da humanidade.

A distinção, entregue anualmente no dia 10 de dezembro, em Oslo, na Noruega, consiste em uma medalha de ouro com a imagem de Alfred Nobel gravada, um diploma com a condecoração e um prêmio aproximado de 10 milhões de coroas suecas (cerca de um milhão de euros). A intenção original do prêmio era de permitir que os seus ganhadores pudessem trabalhar ou pesquisar sem pressões financeiras.

Vamos conhecer, a seguir, os países com o maior número de contemplados com o Prêmio Nobel.

Suécia.

Um total de 28 suecos recebeu a distinção.

O primeiro prêmio que a Suécia levou para a casa foi o de química, em 1903, pelo trabalho desenvolvido por Svante Arrhenius, que estudou a condutividade eletrolítica, ou seja, a condução de eletricidade em líquidos.

Entre os prêmios que merecem destaque estão o de química, em 1948, recebido por Arne tiselius, em reconhecimento aos seus trabalhos sobre a natureza do plasma sanguíneo e o da paz, entregue em 1982 a Alva Myrdal pelos seus esforços para o alcance do desarmamento no país.

França.

Os franceses acumulam 57 prêmios. O primeiro foi o de literatura, conquistado em 1901 pelo poeta e ensaísta Sully Proudhomme. A França é o país com o maior número de Prêmios Nobel de literatura, com 15 no total. Poderiam ser 16, caso Jean Paul-Sartre, escritor símbolo do existencialismo francês, não tivesse recusado o prêmio concedido a ele no ano de 1964.

No campo da física e da química, a Familia Curie foi responsável por levar 3 prêmios para as terras francesas. Em 1903, o físico Henri Becquerel e o casal Pierre e Marie Curie receberam o primeiro Nobel de física pelas pesquisas no campo da radioatividade. Marie Curie ganharia mais um Nobel, em química, no ano de 1911, em razão da descoberta dos elementos rádio e polônio. Já a filha de Marie, Irene, e o seu genro, Frederic, receberam o Nobel de química em 1935, em decorrência das pesquisas sobre a estrutura do átomo.

Alemanha.

Em 1901, o primeiro ano do Prêmio Nobel, a Alemanha levou para casa duas condecorações: em física, recebida por Wilhelm Conrad Rontgen, que descobriu o raio-x e em medicina, por Emil Adolf von Behring, pelas pesquisas para o tratamento da difteria e do tétano. A Alemanha também se destaca no campo da física e da química. Entre os prêmios recebidos nessas áreas estão o de 1921, concedido ao cientista Albert Einstein pela descoberta da lei do efeito fotoelétrico e o de 1944, recebido por Otto Hahn pelos estudos no campo da energia atômica.

Vale ressaltar, também, o Prêmio Nobel de medicina, entregue em 1905 à Robert Koch, pelas pesquisas no diagnóstico e tratamento da tuberculose e o prêmio de literatura recebido por Thomas Mann em reconhecimento à produção de livros como "Morte em Veneza" e "A Montanha Mágica". Os alemães possuem, no total, 107 Prêmios Nobel.

Reino Unido. O primeiro prêmio britânico foi o de medicina, recebido por Ronald Ross, em 1902, por ter descoberto que um mosquito era o transmissor da malária para o organismo humano.

Autores britânicos que influenciaram o desenvolvimento da literatura no século vinte, como Bernard Shaw, autor da peça Pigmaleão, o poeta T.S. Eliot e o filósofo Bertrand Russell contribuíram para os 13 prêmios que colocam o Reino Unido no segundo lugar entre os ganhadores do Nobel de literatura.

Outro Nobel britânico que merece destaque é Alexander Fleming. A descoberta da penicilina, antibiótico que viria a ser um dos mais utilizados na medicina, rendeu o prêmio ao escocês no ano de 1945.

Recentemente, em 2010, o Reino Unido somou mais um prêmio, com a conquista do nobel de medicina por Robert Edwards, que foi reconhecido após 32 anos de sua descoberta, a fertilização in vitro.

Estados Unidos.

O primeiro foi conquistado em 1906 pelo então presidente Theodore Roosevelt. Ele ganhou o Nobel da paz pelas negociações que garantiram o fim da guerra que acontecia no início do século passado entre a Rússia e o Japão.

Desde então, os Estados Unidos vem acumulando prêmios em todas as áreas. Entre os principais, está o Nobel de física recebido por Ernest Lawrence, em 1939, pela invenção do Ciclotron, um acelerador de partículas usado para pesquisas científicas e que, mais tarde, passou a ser utilizado no tratamento de câncer. Na química, as pesquisas sobre as ligações químicas renderam o Nobel à Linus Pauling, em 1954. Já a descoberta do uso do carbono-14 para a datação de fósseis por Willard Libby fez com que ele levasse o prêmio em 1960.

A descoberta do papel dos cromossomos na hereditariedade pelo biólogo Thomas Morgan levou os Estados Unidos ao seu primeiro Nobel em medicina, no ano de 1933. Outro prêmio importante nesta área foi conquistado em 1985 pelo bioquímico Joseph Goldstein, pelas pesquisas realizadas sobre o metabolismo do colesterol no corpo humano.

No campo da literatura, destaque para escritores renomados como William Faulkner, John Steinbeck e Ernest Hemingway, todos reconhecidos com um prêmio Nobel. Contabilizando 270 condecorações, os Estados Unidos lideram a lista dos países com a maior quantidade de prêmios Nobel no mundo.

África do Sul

1. J. M. Coetzee, Literatura, 2003

2. Sydney Brenner*, Fisiologia ou Medicina, 2002

3. F.W. de Klerk, Paz, 1993

4. Nelson Mandela, Paz, 1993

5. Nadine Gordimer, Literatura, 1991

6. Desmond Tutu, Paz, 1984

7. Allan M. Cormack*, Fisiologia ou

Medicina, 1979

8. Albert Lutuli, Paz, 1960

9. Max Theiler, Fisiologia ou Medicina, 1951

Albânia

1. Ferid Murad, Fisiologia ou Medicina, 1998. nasc. Whiting (Indiana), EUA

2. Madre Teresa de Calcutá, Paz, 1979. nasc. Uskub, Império Otomano, hoje Skopje, República da Macedónia

Alemanha

1. Herta Muller, nasc. Roménia, Literatura, 2009

2. Harald zur Hausen, Fisiologia ou Medicina, 2008

3. Gerhard Ertl, Química, 2007

4. Peter Grunberg, nasc. no então Protetorado da Boémia e Morávia, hoje na República Checa, Física, 2007

5. Theodor W. Hänsch, Física, 2005

6. Robert Aumann*, Ciências Económicas, 2005

7. Wolfgang Ketterle, Física, 2001

8. Herbert Kroemer, Física, 2000

9. Gunter Blobel*, Fisiologia ou Medicina, 1999

10. Gunter Grass, nasc. na então Cidade Livre de Danzig, hoje Polónia, Literatura, 1999

11. Horst L. Störmer, Física, 1998

12. Christiane Nusslein-Volhard, Fisiologia ou Medicina, 1995

13. Reinhard Selten, Ciências Económicas, 1994

14. Bert Sakmann, Fisiologia ou Medicina, 1991

15. Erwin Neher, Fisiologia ou Medicina, 1991

16. Hans G. Dehmelt*, Física, 1989

17. Wolfgang Paul, Física, 1989

18. Johann Deisenhofer, Química, 1988

19. Robert Huber, Química, 1988

20. Hartmut Michel, Química, 1988

21. Jack Steinberger*, Física, 1988

22. J. Georg Bednorz, Física, 1987

23. Ernst Ruska, Física, 1986

24. Gerd Binnig, Física, 1986

25. Klaus von Klitzing, Física, 1985

26. Georges J.F. Köhler*, Fisiologia ou Medicina, 1984

27. Georg Wittig, Química, 1979

28. Arno Penzias*, Física, 1978

29. Henry Kissinger*, Paz, 1973

30. Ernst Otto Fischer, Química, 1973

31. Karl Ritter von Frisch, nasc. na então Áustria-Hungria, hoje Áustria, Fisiologia ou Medicina, 1973

32. Heinrich Böll, Literatura, 1972

33. Gerhard Herzberg*, Química, 1971

34. Willy Brandt, Paz, 1971

35. Bernard Katz*, Fisiologia ou Medicina, 1970

36. Max Delbruck*, Fisiologia ou Medicina, 1969

37. Manfred Eigen, Química, 1967

38. Hans Albrecht Bethe*, Física, 1967

39. Nelly Sachs*, Literatura, 1966

40. Feodor Felix Konrad Lynen, Fisiologia ou Medicina, 1964

41. Konrad Bloch*, Fisiologia ou Medicina, 1964

42. Karl Ziegler, Química, 1963

43. Maria Goeppert-Mayer*, Física, 1963

44. J. Hans D. Jensen, Física, 1963

45. Rudolf Mössbauer, Física, 1961

46. Werner Forssmann, Fisiologia ou

Medicina, 1956

47. Max Born*, Física, 1954

48. Walther Bothe, Física, 1954

49. Hermann Staudinger, Química, 1953

50. Fritz Albert Lipmann*, Fisiologia ou Medicina, 1953

51. Hans Adolf Krebs*, Fisiologia ou Medicina, 1953

52. Albert Schweitzer*, Paz, 1952

53. Otto Diels, Química, 1950

54. Kurt Alder, Química, 1950

55. Herman Hesse*, Literatura, 1946

56. Ernst Boris Chain*, Fisiologia ou Medicina, 1945

57. Otto Hahn, Química, 1944

58. Otto Stern*, Física, 1943

59. Adolf Butenandt, Química, 1939

60. Gerhard Domagk, Fisiologia ou Medicina, 1939

61. Richard Kuhn, nasc. Áustria, Química, 1938

62. Carl von Ossietzky, Paz, 1935

63. Hans Spemann, Fisiologia ou Medicina, 1935

64. Werner Karl Heisenberg, Física, 1932

65. Otto Heinrich Warburg, Fisiologia ou Medicina, 1931

66. Carl Bosch, Química, 1931

67. Friedrich Bergius, Química, 1931

68. Hans Fischer, Química, 1930

69. Thomas Mann, Literatura, 1929

70. Hans von Euler-Chelpin*, Química, 1929

71. Adolf Otto Reinhold Windaus, Química, 1928

72. Ludwig Quidde, Paz, 1927

73. Heinrich Otto Wieland, Química, 1927

74. Gustav Stresemann, Paz, 1926

75. James Franck, Física, 1925

76. Gustav Ludwig Hertz, Física, 1925

77. Otto Fritz Meyerhof, Fisiologia ou Medicina, 1922

78. Albert Einstein, Física, 1921

79. Walther Nernst, Química, 1920

80. Johannes Stark, Física, 1919

81. Fritz Haber, Química, 1918

82. Max Karl Ernst Ludwig Planck, Física, 1918

83. Richard Willstätter, Química, 1915

84. Max von Laue, Física, 1914

85. Gerhart Hauptmann, nasc. na então Prússia, hoje Polónia, Literatura, 1912

86. Wilhelm Wien, Física, 1911

87. Otto Wallach, Química, 1910

88. Albrecht Kossel, Fisiologia ou Medicina, 1910

89. Paul Johann Ludwig Heyse, Literatura, 1910

90. Karl Ferdinand Braun, Física, 1909

91. Wilhelm Ostwald, nasc. na então Rússia, hoje Letónia, Química, 1909

92. Rudolf Christoph Eucken, Literatura, 1908

93. Paul Ehrlich, Fisiologia ou Medicina, 1908

94. Eduard Buchner, Química, 1907

95. Albert Abraham Michelson*, nasc. na então Prússia, hoje Polónia, Física, 1907

96. Robert Koch, Fisiologia ou Medicina, 1905

97. Philipp Lenard, nasc. no então Império Austríaco, hoje Eslováquia, Física, 1905

98. Adolf von Baeyer, Química, 1905

99. Hermann Emil Fischer, Química, 1902

100. Theodor Mommsen, nasc. na então

Dinamarca, Literatura, 1902

101. Emil Adolf von Behring, Fisiologia ou Medicina, 1901

102. Wilhelm Conrad Röntgen, Física, 1901

Argentina

1. César Milstein, Fisiologia ou Medicina, 1984

2. Adolfo Pérez Esquivel, Paz, 1980

3. Luis Federico Leloir, nasc. França, Química, 1970

4. Bernardo Houssay, Fisiologia ou Medicina, 1947

5. Carlos Saavedra Lamas, Paz, 1936

Austrália

1. Brian P. Schmidt, nasc. Estados Unidos, Física, 2011

2. Elizabeth H. Blackburn*, Fisiologia ou Medicina, 2009

3. Barry Marshall, Fisiologia ou Medicina, 2005

4. J. Robin Warren, Fisiologia ou Medicina, 2005

5. Peter C. Doherty, Fisiologia ou Medicina, 1996

6. John Harsanyi, Ciências Económicas, 1994

7. John Warcup Cornforth*, Química, 1975

8. Patrick White, nasc. Reino Unido, Literatura, 1973

9. Aleksandr M. Prokhorov*, Física, 1964

10. John Carew Eccles, Fisiologia ou Medicina, 1963

11. Sir Frank Macfarlane Burnet, Fisiologia ou Medicina, 1960

12. Sir Howard Florey, Fisiologia ou Medicina, 1945

13. William Lawrence Bragg*, Física, 1915

Áustria

1. Agência Internacional de Energia Atómica, Paz, 2005

2. Elfriede Jelinek, Literatura, 2004

3. Eric R. Kandel*, Fisiologia ou Medicina, 2000

4. Walter Kohn*, Química, 1998

5. Friedrich Hayek, Ciências Económicas, 1974

6. Konrad Lorenz, Fisiologia ou Medicina, 1973

7. Karl von Frisch*, Fisiologia ou Medicina, 1973

8. Max F. Perutz, Química, 1962

9. Wolfgang Pauli, Física, 1945

10. Richard Kuhn*, Química, 1938

11. Otto Loewi*, Fisiologia ou Medicina, 1936

12. Victor Francis Hess, Física, 1936

13. Erwin Schrödinger, Física, 1933

14. Karl Landsteiner, Fisiologia ou Medicina, 1930

15. Julius Wagner-Jauregg, Fisiologia ou Medicina, 1927

16. Friderik Pregl, nasc. na então Áustria-Hungria, hoje Eslovénia, Química, 1923

17. Alfred Hermann Fried, Paz, 1911

18. Robert Bárány, Fisiologia ou Medicina, 1914

19. Bertha von Suttner, nasc. na então Áustria-Hungria, hoje República Checa, Paz, 1905

Azerbaijão

1. Lev Landau, nasc. no então Império Russo, laureado como cidadão da União Soviética, Física, 1962

Bangladesh

1. Muhammad Yunus, Paz, 2006

2. Grameen Bank, Paz, 2006

Bélgica

1. Ilya Prigogine, nasc. na Rússia, Química,

1977

2. Christian de Duve, nasc. no Reino Unido, Fisiologia ou Medicina, 1974

3. Albert Claude, Fisiologia ou Medicina, 1974

4. Georges Pire, Paz, 1958

5. Corneille Heymans, Fisiologia ou Medicina, 1938

6. Jules Bordet, Fisiologia ou Medicina, 1919

7. Henri La Fontaine, Paz, 1913

8. Maurice Maeterlinck, Literatura, 1911

9. Auguste Beernaert, Paz, 1909

10. Institut de Droit International, Paz, 1904

Bielorrússia

1. Zhores Ivanovich Alferov*, nasc. na então União Soviética, hoje Bielorrússia, Física, 2000

2. Shimon Peres*, nasc. na então Polónia, hoje Bielorrússia, Paz, 1994

3. Menachem Begin*, nasc. no então Império Russo, hoje Bielorrússia, Paz, 1978

4. Simon Kuznets*, nasc. no então Império Russo, hoje Bielorrússia, Ciências Económicas, 1971

Bósnia e Herzegovina

1. Ivo Andrić, nasc. na então Áustria–Hungria, hoje Bósnia e Herzegovina, Literatura, 1961

2. Vladimir Prelog*, nasc. na então Áustria–Hungria, hoje Bósnia e Herzegovina, Química, 1975

Bulgária

1. Elias Canetti*, Literatura, 1981

Canadá

1. Ralph Steinman, Fisiologia ou Medicina, 2011

2. Willard Boyle*, Física, 2009

3. Robert Mundell, Ciências Económicas, 1999

4. Myron Scholes*, Ciências Económicas, 1997

5. William Vickrey*, Ciências Económicas, 1996

6. Pugwash Conferences on Science and World Affairs, Paz, 1995

7. Bertram Neville Brockhouse, Física, 1994

8. Michael Smith, nasc. Reino Unido, Química, 1993

9. Rudolph Arthur Marcus*, Química, 1992

10. Richard Edward Taylor, Física, 1990

11. Sidney Altman, Química, 1989

12. Henry Taube*, Química, 1983

13. David Hubel*, Fisiologia ou Medicina, 1981

14. Saul Bellow*, Literatura, 1976

15. Gerhard Herzberg, nasc. Alemanha, Química, 1971

16. Charles Huggins*, Fisiologia ou Medicina, 1966

17. Lester Bowles Pearson, Paz, 1957

18. John Charles Polanyi, nasc. Alemanha (de pais húngaros), Química, 1986

19. William Giauque*, Química, 1949

20. Frederick Banting, Fisiologia ou Medicina, 1923

21. Ernest Rutherford, nasc. Nova Zelândia, Química, 1908

Chile

1. Pablo Neruda, Literatura, 1971

2. Gabriela Mistral, Literatura, 1945

China

1. Mo Yan, Literatura, 2012

2. Liu Xiaobo, Paz, 2010

3. Charles K. Kao*, Física, 2009

4. Gao Xingjian*, Literatura, 2000

5. Daniel C. Tsui*, Física, 1998

6. Tenzin Gyatso*, Paz, 1989

7. Yuan Tseh Lee, Química, 1986

8. Chen Ning Yang, Física, 1957

9. Tsung-Dao Lee, Física, 1957

Chipre

1. Christopher A. Pissarides, Ciências Económicas, 2010

Colômbia

1. Gabriel García Márquez, Literatura, 1982

Coreia do Sul

1. Kim Dae-jung, Paz, 2000

Costa Rica

1. Óscar Arias Sánchez, Paz, 1987

Croácia

1. Leopold Ružička*, nasc. Império Austro-Húngaro, hoje Croácia, Química, 1939

2. Vladimir Prelog*, nasc. Sarajevo, Bósnia e Herzegovina, Química, 1975

Dinamarca

1. Dale T. Mortensen, nasc. Estados Unidos, Ciências Económicas, 2010

2. Jens Christian Skou, Química, 1997

3. Niels Kaj Jerne, Fisiologia ou Medicina, 1984

4. Aage Bohr, Física, 1975

5. Ben Roy Mottelson, Física, 1975

6. Johannes Vilhelm Jensen, Literatura, 1944

7. Henrik Dam, Fisiologia ou Medicina, 1943

8. Johannes Andreas Grib Fibiger, Fisiologia ou Medicina, 1926

9. Niels Bohr, Física, 1922

10. August Krogh, Fisiologia ou Medicina, 1920

11. Karl Adolph Gjellerup, Literatura, 1917

12. Henrik Pontoppidan, Literatura, 1917

13. Fredrik Bajer, Paz, 1908

14. Niels Ryberg Finsen, 'nasc. Ilhas Faroé, Fisiologia ou Medicina, 1903

Egito

1. Mohamed El Baradei, Paz, 2005

2. Ahmed Zewail, Química, 1999

3. Naguib Mahfouz, Literatura, 1988

4. Anwar El Sadat, Paz, 1978

Eslovénia

1. Friderik Pregl*, nasc. na então Áustria-Hungria, Química, 1923

Espanha

1. Mario Vargas Llosa, nasc. Peru, Literatura, 2010

2. Camilo José Cela, Literatura, 1989

3. Vicente Aleixandre, Literatura, 1977

4. Severo Ochoa*, Fisiologia ou Medicina, 1959

5. Juan Ramón Jiménez, Literatura, 1956

6. Jacinto Benavente, Literatura, 1922

7. Santiago Ramón y Cajal, Fisiologia ou Medicina, 1906

8. José Echegaray, Literatura, 1904

Estados Unidos

1. Alvin E. Roth, Ciências Económicas, 2012

2. Lloyd S. Shapley, Ciências Económicas, 2012

3. Brian K. Kobilka, Química, 2012

4. Robert J. Lefkowitz, Química, 2012

5. David J. Wineland, Física, 2012

6. Christopher A. Sims, Ciências Económicas, 2011

7. Thomas J. Sargent, Ciências Económicas, 2011

8. Saul Perlmutter, Física, 2011

9. Brian P. Schmidt, Física, 2011

10. Adam G. Riess, Física, 2011

11. Ralph M. Steinman, nasc. Canadá, Fisiologia ou Medicina, 2011

12. Bruce Beutler, Fisiologia ou Medicina, 2011

13. Peter A. Diamond, Ciências Económicas, 2010

14. Dale T. Mortensen, Ciências Económicas, 2010

15. Richard F. Heck, Química, 2010

16. Ei-ichi Negishi, nasc. Japão, Química, 2010

17. Elinor Ostrom, Ciências Económicas, 2009

18. Oliver Eaton Williamson, Ciências Económicas, 2009

19. Barack H. Obama, Paz, 2009

20. Thomas A. Steitz, Química, 2009

21. Willard S. Boyle, nasc. Canadá, Física, 2009

22. Charles K. Kao, nasc. China, Física, 2009

23. George E. Smith, Física, 2009

24. Elizabeth Blackburn, nasc. Australia, Fisiologia ou Medicina, 2009

25. Carol W. Greider, Fisiologia ou Medicina, 2009

26. Jack W. Szostak, nasc. Reino Unido, Fisiologia ou Medicina, 2009

27. Paul Krugman, Ciências Económicas, 2008

28. Roger Yonchien Tsien, Química, 2008

29. Martin Chalfie, Química, 2008

30. Osamu Shimomura, nasc. Japão, Química, 2008

31. Yoichiro Nambu, nasc. Japão, Física, 2008

32. Leonid Hurwicz, nasc. Rússia, Ciências Económicas, 2007

33. Eric S. Maskin, Ciências Económicas, 2007

34. Roger B. Myerson, Ciências Económicas, 2007

35. Al Gore, Paz, 2007

36. Mario R. Capecchi, nasc. Itália, Fisiologia ou Medicina, 2007

37. Oliver Smithies, nasc. Reino Unido, Fisiologia ou Medicina, 2007

38. Roger D. Kornberg, Química, 2006

39. John C. Mather, Física, 2006

40. Edmund S. Phelps, Ciências Económicas, 2006

41. George F. Smoot, Física, 2006

42. Andrew Z. Fire, Fisiologia ou Medicina, 2006

43. Craig C. Mello, Fisiologia ou Medicina, 2006

44. Robert Aumann, nasc. Alemanha, Ciências Económicas, 2005

45. Robert H. Grubbs, Química, 2005

46. Richard R. Schrock, Química, 2005

47. Thomas Schelling, Ciências Económicas, 2005

48. John L. Hall, Física, 2005

49. Roy J. Glauber, Física, 2005

50. Irwin Rose, Química, 2004

51. Edward C. Prescott, Ciências Económicas, 2004

52. David J. Gross, Física, 2004

53. H. David Politzer, Física, 2004

54. Frank Wilczek, Física, 2004

55. Richard Axel, Fisiologia ou Medicina, 2004

56. Linda B. Buck, Fisiologia ou Medicina, 2004

57. Peter Agre, Química, 2003

58. Roderick MacKinnon, Química, 2003

59. Robert F. Engle, Ciências Económicas,

2003

60. Anthony J. Leggett, nasc. Reino Unido,
Física, 2003

61. Paul C. Lauterbur, Fisiologia ou
Medicina, 2003

62. Alexei A. Abrikosov, nasc. Russia,
Física, 2003

63. Daniel Kahneman, nasc. Israel,
Ciências Económicas, 2002

64. Vernon L. Smith, Ciências Económicas,
2002

65. Jimmy Carter, Paz, 2002

66. John Bennett Fenn, Química, 2002

67. Raymond Davis Jr., Física, 2002

68. Riccardo Giacconi, nasc. Itália, Física,
2002

69. Sydney Brenner, nasc. África do Sul,
Fisiologia ou Medicina, 2002

70. H. Robert Horvitz, Fisiologia ou
Medicina, 2002

71. William S. Knowles, Química, 2001

72. K. Barry Sharpless, Química, 2001

73. Joseph E. Stiglitz, Ciências
Económicas, 2001

74. George A. Akerlof, Ciências
Económicas, 2001

75. A. Michael Spence, Ciências Económicas, 2001

76. Eric A. Cornell, Física, 2001

77. Carl E. Wieman, Física, 2001

78. Leland H. Hartwell, Fisiologia ou Medicina, 2001

79. Alan Heeger, Química, 2000

80. Alan MacDiarmid, nasc. Nova Zelândia, Química, 2000

81. James J. Heckman, Ciências Económicas, 2000

82. Daniel L. McFadden, Ciências Económicas, 2000

83. Jack Kilby, Física, 2000

84. Paul Greengard, Fisiologia ou Medicina, 2000

85. Eric R. Kandel, nasc. Áustria, Fisiologia ou Medicina, 2000

86. Ahmed H. Zewail, nasc. Egito, Química, 1999

87. Gunter Blobel, nasc. na então Alemanha, hoje Polónia, Fisiologia ou Medicina, 1999

88. Walter Kohn, nasc. na Áustria, Química, 1998

89. Robert B. Laughlin, Física, 1998

90. Daniel C. Tsui, nasc. China, Física,

1998

91. Robert F. Furchgott, Fisiologia ou Medicina, 1998

92. Louis J. Ignarro, Fisiologia ou Medicina, 1998

93. Ferid Murad, Fisiologia ou Medicina, 1998

94. Paul D. Boyer, Química, 1997

95. Robert C. Merton, Ciências Económicas, 1997

96. Myron Scholes, nasc. no Canadá, Ciências Económicas, 1997

97. Jody Williams, Paz, 1997

98. Steven Chu, Física, 1997

99. William D. Phillips, Física, 1997

100. Stanley B. Prusiner, Fisiologia ou Medicina, 1997

101. Richard E. Smalley, Química, 1996

102. Robert F. Curl Jr., Química, 1996

103. William Vickrey, nasc. Canadá, Ciências Económicas, 1996

104. David M. Lee, Física, 1996

105. Douglas D. Osheroff, Física, 1996

106. Robert C. Richardson, Física, 1996

107. Mario J. Molina, nasc. no México,

Química, 1995

108. F. Sherwood Rowland, Química, 1995

109. Robert Lucas, Jr., Ciências Económicas, 1995

110. Martin L. Perl, Física, 1995

111. Frederick Reines, Física, 1995

112. Edward B. Lewis, Fisiologia ou Medicina, 1995

113. Eric F. Wieschaus, Fisiologia ou Medicina, 1995

114. George Andrew Olah, nasc. Hungria, Química, 1994

115. John Charles Harsanyi, nasc. Hungria, Ciências Económicas, 1994

116. John Forbes Nash, Ciências Económicas, 1994

117. Clifford G. Shull, Física, 1994

118. Alfred G. Gilman, Fisiologia ou Medicina, 1994

119. Martin Rodbell, Fisiologia ou Medicina, 1994

120. Kary B. Mullis, Química, 1993

121. Robert W. Fogel, Ciências Económicas, 1993

122. Douglass C. North, Ciências Económicas, 1993

123. Toni Morrison, Literatura, 1993

124. Russell A. Hulse, Física, 1993

125. Joseph H. Taylor Jr., Física, 1993

126. Phillip A. Sharp, Fisiologia ou Medicina, 1993

127. Rudolph A. Marcus, nasc. Canadá, Química, 1992

128. Gary S. Becker, Ciências Económicas, 1992

129. Edmond H. Fischer, nasc. China, Fisiologia ou Medicina, 1992

130. Edwin G. Krebs, Fisiologia ou Medicina, 1992

131. Ronald Coase,nasc. Reino Unido, Ciências Económicas, 1991

132. Elias James Corey, Química, 1990

133. Merton H. Miller, Ciências Económicas, 1990

134. William F. Sharpe, Ciências Económicas, 1990

135. Harry M. Markowitz, Ciências Económicas, 1990

136. Jerome I. Friedman, Física, 1990

137. Henry W. Kendall, Física, 1990

138. Joseph E. Murray, Fisiologia ou Medicina, 1990

139. E. Donnall Thomas, Fisiologia ou
Medicina, 1990

140. Sidney Altman, nasc. Canadá,
Química, 1989

141. Thomas R. Cech, Química, 1989

142. Hans G. Dehmelt, nasc. Alemanha,
Física, 1989

143. Norman F. Ramsey, Física, 1989

144. J. Michael Bishop, Fisiologia ou
Medicina, 1989

145. Harold E. Varmus, Fisiologia ou
Medicina, 1989

146. Leon M. Lederman, Física, 1988

147. Melvin Schwartz, Física, 1988

148. Jack Steinberger, nasc. na Alemanha,
Física, 1988

149. Gertrude B. Elion, Fisiologia ou
Medicina, 1988

150. George H. Hitchings, Fisiologia ou
Medicina, 1988

151. Charles J. Pedersen, nasc. Coreia,
Química, 1987

152. Donald J. Cram, Química, 1987

153. Robert M. Solow, Ciências
Económicas, 1987

154. Joseph Brodsky, nasc. Russia,
Literatura, 1987

155. Dudley R. Herschbach, Química, 1986

156. Yuan T. Lee, nasc. Taiwan, Química, 1986

157. James M. Buchanan, Ciências Económicas, 1986

158. Elie Wiesel, nasc. Roménia, Paz, 1986

159. Stanley Cohen, Fisiologia ou Medicina, 1986

160. Rita Levi-Montalcini, nasc. na Itália, Fisiologia ou Medicina, 1986

161. Jerome Karle, Química, 1985

162. Herbert A. Hauptman, Química, 1985

163. Franco Modigliani, nasc. na Itália, Ciências Económicas, 1985

164. Michael S. Brown, Fisiologia ou Medicina, 1985

165. Joseph L. Goldstein, Fisiologia ou Medicina, 1985

166. Bruce Merrifield, Química, 1984

167. Henry Taube, nasc. no Canadá, Química, 1983

168. Gérard Debreu, nasc. em França, Ciências Económicas, 1983

169. William A. Fowler, Física, 1983

170. Subrahmanyan Chandrasekhar, nasc. na então Índia Britânica, hoje Paquistão,

Física, 1983

171. Barbara McClintock, Fisiologia ou Medicina, 1983

172. George J. Stigler, Ciências Económicas, 1982

173. Kenneth G. Wilson, Física, 1982

174. Roald Hoffmann, nasc. na então Polónia, hoje Ucrânia, Química, 1981

175. James Tobin, Ciências Económicas, 1981

176. Nicolaas Bloembergen, nasc. nos Países Baixos, Física, 1981

177. Arthur L. Schawlow, Física, 1981

178. David H. Hubel, nasc. no Canadá, Fisiologia ou Medicina, 1981

179. Roger W. Sperry, Fisiologia ou Medicina, 1981

180. Walter Gilbert, Química, 1980

181. Paul Berg, Química, 1980

182. Lawrence R. Klein, Ciências Económicas, 1980

183. Czesław Miłosz, nasc. no então Império Russo, hoje Lituânia, Literatura, 1980

184. James Cronin, Física, 1980

185. Val Fitch, Física, 1980

186. Baruj Benacerraf, nasc. Venezuela, Fisiologia ou Medicina, 1980

187. George D. Snell, Fisiologia ou Medicina, 1980

188. Herbert C. Brown, Química, 1979

189. Theodore Schultz, Ciências Económicas, 1979

190. Steven Weinberg, Física, 1979

191. Sheldon Glashow, Física, 1979

192. Allan M. Cormack, nasc. África do Sul, Fisiologia ou Medicina, 1979

193. Herbert A. Simon, Ciências Económicas, 1978

194. Isaac Bashevis Singer, nasc. no então Império Russo, hoje Polónia, Literatura, 1978

195. Robert Woodrow Wilson, Física, 1978

196. Arno Penzias, nasc. Alemanha, Física, 1978

197. Hamilton O. Smith, Fisiologia ou Medicina, 1978

198. Daniel Nathans, Fisiologia ou Medicina, 1978

199. Philip Anderson, Física, 1977

200. John H. van Vleck, Física, 1977

201. Roger Guillemin, nasc. França, Fisiologia ou Medicina, 1977

202. Andrzej W. Schally, nasc. na então Polónia, hoje Lituânia, Fisiologia ou Medicina, 1977

203. Rosalyn Yalow, Fisiologia ou Medicina, 1977

204. William Lipscomb, Química, 1976

205. Milton Friedman, Ciências Económicas, 1976

206. Saul Bellow, nasc. Canadá, Literatura, 1976

207. Burton Richter, Física, 1976

208. Samuel C. C. Ting, Física, 1976

209. Baruch S. Blumberg, Fisiologia ou Medicina, 1976

210. Daniel Carleton Gajdusek, Fisiologia ou Medicina, 1976

211. Tjalling C. Koopmans, nasc. Países Baixos, Ciências Económicas, 1975

212. Ben R. Mottelson*, Física, 1975

213. James Rainwater, Física, 1975

214. David Baltimore, Fisiologia ou Medicina, 1975

215. Renato Dulbecco, nasc. Itália, Fisiologia ou Medicina, 1975

216. Howard Martin Temin, Fisiologia ou Medicina, 1975

217. Paul J. Flory, Química, 1974

218. George E. Palade, nasc. Roménia, Fisiologia ou Medicina, 1974

219. Wassily Leontief, nasc. Alemanha, Ciências Económicas, 1973

220. Henry Kissinger, nasc. Alemanha, Paz, 1973

221. Ivar Giaever, Norway, Física, 1973

222. Christian Anfinsen, Química, 1972

223. Stanford Moore, Química, 1972

224. William H. Stein, Química, 1972

225. Kenneth J. Arrow, Ciências Económicas, 1972

226. John Bardeen, Física, 1972

227. Leon N. Cooper, Física, 1972

228. Robert Schrieffer, Física, 1972

229. Gerald Edelman, Fisiologia ou Medicina, 1972

230. Simon Kuznets, nasc. na então Rússia, hoje Bielorrússia, Ciências Económicas, 1971

231. Earl W. Sutherland Jr., Fisiologia ou Medicina, 1971

232. Paul A. Samuelson, Ciências Económicas, 1970

233. Norman Borlaug, Paz, 1970

234. Julius Axelrod, Fisiologia ou Medicina,

1970

235. Murray Gell-Mann, Física, 1969

236. Max Delbruck, nasc. Alemanha, Fisiologia ou Medicina, 1969

237. Alfred Hershey, Fisiologia ou Medicina, 1969

238. Salvador Luria, nasc. Itália, Fisiologia ou Medicina, 1969

239. Lars Onsager, nasc. Norway, Química, 1968

240. Luis Alvarez, Física, 1968

241. Robert W. Holley, Fisiologia ou Medicina, 1968

242. Marshall Warren Nirenberg, Fisiologia ou Medicina, 1968

243. Hans Bethe, nasc. na então Alemanha, hoje França, Física, 1967

244. Haldan Keffer Hartline, Fisiologia ou Medicina, 1967

245. George Wald, Fisiologia ou Medicina, 1967

246. Robert S. Mulliken, Química, 1966

247. Charles B. Huggins, nasc. Canadá, Fisiologia ou Medicina, 1966

248. Francis Peyton Rous, Fisiologia ou Medicina, 1966

249. Robert B. Woodward, Química, 1965

250. Richard P. Feynman, Física, 1965

251. Julian Schwinger, Física, 1965

252. Martin Luther King, Jr., Paz, 1964

253. Charles H. Townes, Física, 1964

254. Konrad Bloch, nasc. na então
Alemanha, hoje Polónia, Fisiologia ou
Medicina, 1964

255. Maria Goeppert-Mayer, nasc. na então
Alemanha, hoje Polónia, Física, 1963

256. Eugene Wigner, nasc. Hungria, Física,
1963

257. John Steinbeck, Literatura, 1962

258. Linus C. Pauling, Paz, 1962

259. James D. Watson, Fisiologia ou
Medicina, 1962

260. Melvin Calvin, Química, 1961

261. Robert Hofstadter, Física, 1961

262. Georg von Békésy, nasc. Hungria,
Fisiologia ou Medicina, 1961

263. Willard F. Libby, Química, 1960

264. Donald A. Glaser, Física, 1960

265. Owen Chamberlain, Física, 1959

266. Emilio Segrè, nasc. Itália, Física, 1959

267. Arthur Kornberg, Fisiologia ou
Medicina, 1959

268. Severo Ochoa, nasc. Espanha, Fisiologia ou Medicina, 1959

269. George Beadle, Fisiologia ou Medicina, 1958

270. Joshua Lederberg, Fisiologia ou Medicina, 1958

271. Edward Tatum, Fisiologia ou Medicina, 1958

272. Chen Ning Yang, nasc. China, Física, 1957

273. Tsung-Dao Lee, nasc. China, Física, 1957

274. William B. Shockley, Física, 1956

275. John Bardeen, Física, 1956

276. Walter H. Brattain, Física, 1956

277. Dickinson W. Richards, Fisiologia ou Medicina, 1956

278. André F. Cournand, França, Fisiologia ou Medicina, 1956

279. Vincent du Vigneaud, Química, 1955

280. Willis E. Lamb, Física, 1955

281. Polykarp Kusch, nasc. Alemanha, Física, 1955

282. Linus C. Pauling, Química, 1954

283. Ernest Hemingway, Literatura, 1954

284. John F. Enders, Fisiologia ou

Medicina, 1954

285. Frederick C. Robbins, Fisiologia ou Medicina, 1954

286. Thomas H. Weller, Fisiologia ou Medicina, 1954

287. George C. Marshall, Paz, 1953

288. Fritz Lipmann, nasc. na então Alemanha, hoje Rússia, Fisiologia ou Medicina, 1953

289. E. M. Purcell, Física, 1952

290. Felix Bloch, nasc. Suíça, Física, 1952

291. Selman A. Waksman, nasc. no então Império Russo, hoje Ucrânia, Fisiologia ou Medicina, 1952

292. Edwin M. McMillan, Química, 1951

293. Glenn Theodore Seaborg, Química, 1951

294. Ralph J. Bunche, Paz, 1950

295. Philip S. Hench, Fisiologia ou Medicina, 1950

296. Edward C. Kendall, Fisiologia ou Medicina, 1950

297. William Giauque, nasc. Canadá, Química, 1949

298. William Faulkner, Literatura, 1949

299. T. S. Eliot*, Literatura, 1948

300. American Friends Service Committee (The Quakers), Paz, 1947

301. Carl Cori, nasc. Áustria, Fisiologia ou Medicina, 1947

302. Gerty Cori, nasc. Áustria, Fisiologia ou Medicina, 1947

303. Wendell M. Stanley, Química, 1946

304. James B. Sumner, Química, 1946

305. John H. Northrop, Química, 1946

306. Emily G. Balch, Paz, 1946

307. John R. Mott, Paz, 1946

308. Percy W. Bridgman, Física, 1946

309. Hermann J. Muller, Fisiologia ou Medicina, 1946

310. Cordell Hull, Paz, 1945

311. Isidor Isaac Rabi, nasc. Áustria, Física, 1944

312. Joseph Erlanger, Fisiologia ou Medicina, 1944

313. Herbert S. Gasser, Fisiologia ou Medicina, 1944

314. Otto Stern, nasc. na então Alemanha, hoje Polónia, Física, 1943

315. Edward A. Doisy, Fisiologia ou Medicina, 1943

316. Ernest Lawrence, Física, 1939

317. Pearl S. Buck, Literatura, 1938

318. Clinton Davisson, Física, 1937

319. Eugene O'Neill, Literatura, 1936

320. Carl Anderson, Física, 1936

321. Harold C. Urey, Química, 1934

322. George R. Minot, Fisiologia ou Medicina, 1934

323. William P. Murphy, Fisiologia ou Medicina, 1934

324. George H. Whipple, Fisiologia ou Medicina, 1934

325. Thomas H. Morgan, Fisiologia ou Medicina, 1933

326. Irving Langmuir, Química, 1932

327. Jane Addams, Paz, 1931

328. Nicholas M. Butler, Paz, 1931

329. Sinclair Lewis, Literatura, 1930

330. Frank B. Kellogg, Paz, 1929

331. Arthur H. Compton, Física, 1927

332. Charles G. Dawes, Paz, 1925

333. Robert A. Millikan, Física, 1923

334. Woodrow Wilson, Paz, 1919

335. Theodore W. Richards, Química, 1914

336. Elihu Root, Paz, 1912

337. Albert A. Michelson, nasc. na então Alemanha, hoje Polónia, Física, 1907

338. Theodore Roosevelt, Paz, 1906

Ilhas Faroé

1. Niels Ryberg Finsen*, Fisiologia ou Medicina, 1903

Finlândia

1. Martti Ahtisaari, Paz, 2008

2. Ragnar Granit, nasc. Grão-Ducado da Finlândia, parte do Império Russo em 1809–1917, Fisiologia ou Medicina, 1967

3. Artturi Ilmari Virtanen, nasc. Grão-Ducado da Finlândia, parte do Império Russo em 1809–1917, Química, 1945

4. Frans Eemil Sillanpää, nasc. Grão-Ducado da Finlândia, parte do Império Russo em 1809–1917, Literatura, 1939

França

1. Serge Haroche, nasc. Protetorado Francês de Marrocos, Física, 2012

2. Jules A. Hoffmann, nasc. Luxemburgo, Fisiologia ou Medicina, 2011

3. J. M. G. Le Clézio, Literatura, 2008

4. Luc Montagnier, Fisiologia ou Medicina, 2008

5. Françoise Barré-Sinoussi, Fisiologia ou Medicina, 2008

6. Albert Fert, Física, 2007

7. Yves Chauvin, Química, 2005

8. Gao Xingjian, nasc. China, Literatura, 2000

9. Médecins Sans Frontières, Paz, 1999

10. Claude Cohen-Tannoudji, nasc. Argélia Francesa, Física, 1997

11. Georges Charpak, Física, 1992

12. Pierre-Gilles de Gennes, Física, 1991

13. Maurice Allais, Ciências Económicas, 1988

14. Jean-Marie Lehn, Química, 1987

15. Claude Simon, Literatura, 1985

16. Gérard Debreu, Ciências Económicas, 1983

17. Jean Dausset, Fisiologia ou Medicina, 1980

18. Roger Guillemin*, Fisiologia ou Medicina, 1977

19. Seán MacBride*, Paz, 1974

20. Louis Néel, Física, 1970

21. Luis Federico Leloir*, Química, 1970

22. René Cassin, Paz, 1968

23. Alfred Kastler, Física, 1966

24. François Jacob, Fisiologia ou Medicina,

1965

25. Jacques Monod, Fisiologia ou
Medicina, 1965

26. André Lwoff, Fisiologia ou Medicina,
1965

27. Jean-Paul Sartre, Literatura, 1964
(recusou)

28. Saint-John Perse, Literatura, 1960

29. Albert Camus, nasc. French Algeria,
Literatura, 1957

30. André Frédéric Cournand, Fisiologia ou
Medicina, 1956

31. François Mauriac, Literatura, 1952

32. Albert Schweitzer, nasc. Alsácia, então
Alemanha, Paz, 1952

33. Léon Jouhaux, Paz, 1951

34. André Gide, Literatura, 1947

35. Roger Martin du Gard, Literatura, 1937

36. Frédéric Joliot, Química, 1935

37. Irène Joliot-Curie, Química, 1935

38. Ivan Bunin, nasc. Russia, Literatura,
1933

39. Louis de Broglie, Física, 1929

40. Charles Nicolle, Fisiologia ou Medicina,
1928

41. Henri Bergson, Literatura, 1927

42. Ferdinand Buisson, Paz, 1927

43. Aristide Briand, Paz, 1926

44. Jean-Baptiste Perrin, Física, 1926

45. Anatole França, Literatura, 1921

46. Léon Bourgeois, Paz, 1920

47. Romain Rolland, Literatura, 1915

48. Alfred Werner*, Química, 1913

49. Charles Richet, Fisiologia ou Medicina, 1913

50. Alexis Carrel, Medicine, 1912

51. Paul Sabatier, Química, 1912

52. Victor Grignard, Química, 1912

53. Marie Curie, nasc. no então Império Russo, hoje Polónia, Química, 1911

54. Paul-Henri-Benjamin d'Estournelles de Constant, Paz, 1909

55. Gabriel Lippmann, nasc. Luxembourg, Física, 1908

56. Alphonse Laveran, Fisiologia ou Medicina, 1907

57. Louis Renault, Paz, 1907

58. Henri Moissan, Química, 1906

59. Frédéric Mistral, Literatura, 1904

60. Antoine Henri Becquerel, Física, 1903

61. Pierre Curie, Física, 1903

62. Marie Curie, nasc. no então Império Russo, hoje Polónia, Física, 1903

63. Henry Dunant, Paz, 1901

64. Frédéric Passy, Paz, 1901

65. Sully Prudhomme, Literatura, 1901

Gana

1. Kofi Annan, Paz, 2001

Grécia

1. Odysseas Elytis, Literatura, 1979

2. Giorgos Seferis, Literatura, 1963

Guatemala

1. Rigoberta Menchú, Paz, 1992

2. Miguel Ángel Asturias, Literatura, 1967

Hong Kong

1. Charles K. Kao, Física, 2009

Hungria

1. Avram Hershko* (Herskó Ferenc), Química, 2004

2. Imre Kertész, Literatura, 2002

3. George Andrew Olah* (György Oláh), Química, 1994

4. John Harsanyi*, (Harsányi János),
Ciências Económicas, 1994

5. Dennis Gabor* (Dénes Gábor), Física,
1971

6. Eugene Wigner* (Jenő Wigner), Física,
1963

7. Georg von Békésy* (György Békésy),
Fisiologia ou Medicina, 1961

8. George de Hevesy (György Hevesy),
Química, 1943

9. Albert Szent-Györgyi, Fisiologia ou
Medicina, 1937

10. Richard Adolf Zsigmondy*, nasc. na
então Áustria-Hungria, Química, 1925

11. Philipp Lenard (Fulöp Lénárd)*, nasc.
na então Áustria-Hungria, Física, 1905

12. Robert Bárány*, nasc. na então Áustria-
Hungria, Medicine, 1914

Iémen

1. Tawakel Karman, Paz, 2011

Índia

1. Venkatraman Ramakrishnan*, Química,
2009

2. Rajendra K. Pachauri*, como "chair" do
Intergovernmental Panel on Climate
Change (IPCC), Paz, 2007

3. Amartya Sen, Economic Sciences, 1998

4. Subrahmanyan Chandrasekhar*, Física, 1983

5. Madre Teresa de Calcutá, nasc. Império Otomano, hoje República da Macedónia, Paz, 1979

6. Har Gobind Khorana*, Fisiologia ou Medicina, 1968

7. C. V. Raman, Física, 1930

8. Rabindranath Tagore, Literatura, 1913

Irão

1. Shirin Ebadi, Paz, 2003

Irlanda

1. John Hume*, Paz, 1998

2. Séamus Heaney*, Literatura, 1995

3. Seán MacBride, Paz, 1974

4. Samuel Beckett, Literatura, 1969

5. Ernest Walton, Física, 1951

6. George Bernard Shaw*, Literatura, 1925

7. William Butler Yeats, Literatura, 1923

Islândia

1. Halldór Laxness, Literatura, 1955

Israel

1. Dan Shechtman, Química, 2011

2. Ada E. Yonath, Química, 2009

3. Robert Aumann, Ciências Económicas, 2005

4. Aaron Ciechanover, Química, 2004

5. Avram Hershko, Química, 2004

6. Daniel Kahneman, Ciências Económicas, 2002

7. Yitzhak Rabin, Paz, 1994

8. Shimon Peres, Paz, 1994

9. Menachem Begin, Paz, 1978

10. Shmuel Yosef Agnon, Literatura, 1966

Itália

1. Mario Capecchi*, Fisiologia ou Medicina, 2007

2. Riccardo Giacconi*, Física, 2002

3. Dario Fo, Literatura, 1997

4. Rita Levi-Montalcini, Fisiologia ou Medicina, 1986

5. Franco Modigliani, Ciências Económicas, 1985

6. Carlo Rubbia, Física, 1984

7. Renato Dulbecco*, Fisiologia ou Medicina, 1975

8. Eugenio Montale, Literatura, 1975

9. Salvador Luria*, Fisiologia ou Medicina, 1969

10. Giulio Natta, Química, 1963

11. Salvatore Quasimodo, Literatura, 1959

12. Emilio G. Segrè, Física, 1959

13. Daniel Bovet, nasc. Suíça, Fisiologia ou Medicina, 1957

14. Enrico Fermi, Física, 1938

15. Luigi Pirandello, Literatura, 1934

16. Grazia Deledda, Literatura, 1926

17. Guglielmo Marconi, Física, 1909

18. Ernesto Teodoro Moneta, Paz, 1907

19. Giosuè Carducci, Literatura, 1906

20. Camillo Golgi, Fisiologia ou Medicina, 1906

Japão

1. Shinya Yamanaka, Fisiologia ou Medicina, 2012

2. Ei-ichi Negishi*, Química, 2010

3. Akira Suzuki, Química, 2010

4. Osamu Shimomura*, Química, 2008

5. Makoto Kobayashi, Física, 2008

6. Toshihide Maskawa, Física, 2008

7. Yoichiro Nambu*, Física, 2008

8. Masatoshi Koshiba, Física, 2002

9. Koichi Tanaka, Química, 2002

10. Ryōji Noyori, Química, 2001

11. Hideki Shirakawa, Química, 2000

12. Kenzaburō Ōe, Literatura, 1994

13. Susumu Tonegawa, Fisiologia ou Medicina, 1987

14. Charles J. Pedersen*, Química, 1987

15. Kenichi Fukui, Química, 1981

16. Eisaku Satō, Paz, 1974

17. Leo Esaki, Física, 1973

18. Yasunari Kawabata, Literatura, 1968

19. Sin-Itiro Tomonaga, Física, 1965

20. Hideki Yukawa, Física, 1949

Letónia

1. Wilhelm Ostwald*, nasc. no então Império Russo, Química, 1909

Libéria

1. Ellen Johnson Sirleaf, Paz, 2011

2. Leymah Gbowee, Paz, 2011

Lituânia

1. Aaron Klug*, Química, 1982

2. Czesław Miłosz*, nasc. no então Império Russo, hoje Lituânia, Literatura, 1980

Luxemburgo

1. Jules A. Hoffmann*, Fisiologia ou Medicina, 2011

2. Gabriel Lippmann*, Física, 1908

México

1. Mario J. Molina*, Química, 1995

2. Octavio Paz, Literatura, 1990

3. Alfonso García Robles, Paz, 1982

Myanmar (Birmânia)

1. Aung San Suu Kyi, Paz, 1991

Nigéria]

1. Wole Soyinka, Literatura, 1986

Noruega

1. Finn E. Kydland, Ciências Económicas, 2004

2. Trygve Haavelmo, Ciências Económicas, 1989

3. Charles J. Pedersen, nasc. na então Japan, hoje South Coreia, Química, 1987

4. Ivar Giaever, Física, 1973

5. Ragnar Anton Kittil Frisch, Ciências Económicas, 1969

6. Odd Hassel, Química, 1969

7. Lars Onsager, Química, 1968

8. Sigrid Undset, Literatura, 1928

9. Fridtjof Nansen, Paz, 1922

10. Christian Lous Lange, Paz, 1921

11. Knut Hamsun, Literatura, 1920

12. Bjørnstjerne Bjørnson, Literatura, 1903

Nova Zelândia

1. Alan MacDiarmid*, Química, 2000

2. Maurice Wilkins*, Fisiologia ou Medicina, 1962

3. Ernest Rutherford*, Química, 1908

Países Baixos

1. Andre Geim, nasc. Russia, Física, 2010

2. Martinus J. G. Veltman, Física, 1999

3. Gerardus 't Hooft, Física, 1999

4. Paul J. Crutzen, Química, 1995

5. Simon van der Meer, Física, 1984

6. Nicolaas Bloembergen*, Física, 1981

7. Tjalling Koopmans, Ciências Económicas, 1975

8. Nikolaas Tinbergen*, Fisiologia ou Medicina, 1973

9. Jan Tinbergen, Ciências Económicas, 1969

10. Frits Zernike, Física, 1953

11. Peter Debye, Química, 1936

12. Christiaan Eijkman, Fisiologia ou Medicina, 1929

13. Willem Einthoven, Fisiologia ou Medicina, 1924

14. Heike Kamerlingh Onnes, Física, 1913

15. Tobias Asser, Paz, 1911

16. Johannes Diderik van der Waals, Física, 1910

17. Pieter Zeeman, Física, 1902

18. Hendrik Lorentz, Física, 1902

19. Jacobus Henricus van 't Hoff, Química, 1901

Palestina

1. Yasser Arafat, nasc. Cairo, Egito, Paz, 1994

Paquistão

1. Abdus Salam*, Física, 1979

Peru

1. Mario Vargas Llosa*, Literatura, 2010

Polónia

1. Leonid Hurwicz, nasc. na então República Russa, Ciências Económicas, 2007

2. Wisława Szymborska, Literatura, 1996

3. Joseph Rotblat*, nasc. no então Império Russo, Paz, 1995

4. Shimon Peres*, nasc. Szymon Perski em Wiszniew, Polónia (hoje Vishnyeva, Bielorrússia), Paz, 1994

5. Georges Charpak*, nasc. na atual Ucrânia, Física, 1992

6. Lech Wałęsa, Paz, 1983

7. Roald Hoffmann*, nasc. na atual Ucrânia, Química, 1981

8. Czesław Miłosz*, nasc. no então Império Russo, hoje Lituânia, Literatura, 1980

9. Isaac Bashevis Singer*, nasc. no então Império Russo, Literatura, 1978

10. Andrew Schally*, nasc. Wilno, Segunda República Polaca (hoje Vilnius, Lituânia), Medicine, 1976

11. Tadeus Reichstein*, nasc. no então Império Russo, Fisiologia ou Medicina, 1950

12. Władysław Reymont, nasc. no então Império Russo, Literatura, 1924

13. Marie Skłodowska-Curie, nasc. no então Império Russo, Química, 1911

14. Henryk Sienkiewicz, nasc. no então Império Russo, Literatura, 1905

15. Maria Skłodowska-Curie, nasc. no então Império Russo, Física, 1903

Portugal

1. José de Sousa Saramago, Literatura, 1998

2. Carlos Filipe Ximenes Belo*, nasc. no então Timor Português, hoje Timor-Leste, Paz, 1996

3. José Ramos-Horta*, nasc. no então Timor Português, hoje Timor-Leste, Paz, 1996

4. António Caetano de Abreu Freire Egas Moniz, Fisiologia ou Medicina, 1949

Quénia

1. Wangari Maathai, Paz, 2004

Reino Unido

1. John B. Gurdon, Fisiologia ou Medicina, 2012

2. Andre Geim, nasc. na Rússia, Física, 2010

3. Konstantin Novoselov, nasc. na Rússia, Física, 2010

4. Robert G. Edwards, Fisiologia ou Medicina, 2010

5. Doris Lessing, nasc. no Irão, Literatura, 2007

6. Sir Martin J. Evans, Fisiologia ou Medicina, 2007

7. Oliver Smithies*, Fisiologia ou Medicina, 2007

8. Harold Pinter, Literatura, 2005

9. Clive W. J. Granger*, Ciências Económicas, 2003

10. Anthony J. Leggett*, Física, 2003

11. Peter Mansfield, Fisiologia ou Medicina, 2003

12. Sydney Brenner, nasc. na África do Sul, Fisiologia ou Medicina, 2002

13. John E. Sulston, Fisiologia ou Medicina, 2002

14. Tim Hunt, Fisiologia ou Medicina, 2001

15. Paul Nurse, Fisiologia ou Medicina, 2001

16. V.S. Naipaul, nasc. em Trinidad, Literatura, 2001

17. David Trimble, Paz, 1998

18. John Hume, nasc. na Irlanda do Norte, mas usa passaporte irlandês, Paz, 1998

19. John Pople, Química, 1998

20. John E. Walker, Química, 1997

21. Harold Kroto, Química, 1996

22. James A. Mirrlees, Ciências Económicas, 1996

23. Joseph Rotblat, nasc. no então Império Russo, hoje Polónia, Paz, 1995

24. Seamus Heaney, nasc. na Irlanda do

Norte, mas usa passaporte irlandês,
Literatura, 1995

25. Richard J. Roberts, Fisiologia ou
Medicina, 1993

26. Michael Smith*, Química, 1993

27. Ronald Coase,baseado nos Estados
Unidos Ciências Económicas, 1991

28. James W. Black, Fisiologia ou
Medicina, 1988

29. Niels Kaj Jerne*, Fisiologia ou
Medicina, 1984

30. César Milstein, nasc. na Argentina,
Fisiologia ou Medicina, 1984

31. Richard Stone, Ciências Económicas,
1984

32. William Golding, Literatura, 1983

33. Aaron Klug, nasc. na Lituânia, Química,
1982

34. John Robert Vane, Fisiologia ou
Medicina, 1982

35. Elias Canetti, nasc. na Bulgária,
Literatura, 1981

36. Frederick Sanger, Química, 1980

37. Arthur Lewis, nasc. em Santa Lúcia,
Ciências Económicas, 1979

38. Godfrey Hounsfield, Fisiologia ou
Medicina, 1979

39. Peter D. Mitchell, Química, 1978

40. James Meade, Ciências Económicas, 1977

41. Nevill Francis Mott, Física, 1977

42. Amnistia Internacional, Paz, 1977

43. Betty Williams, Paz, 1976

44. Mairéad Corrigan, Paz, 1976

45. John Cornforth, nasc. na Austrália, Química, 1975

46. Christian de Duve*, Fisiologia ou Medicina, 1974

47. Friedrich Hayek, nasc. na Áustria, Ciências Económicas, 1974

48. Martin Ryle, Física, 1974

49. Antony Hewish, Física, 1974

50. Patrick White*, Literatura, 1973

51. Geoffrey Wilkinson, Química, 1973

52. Brian David Josephson, Física, 1973

53. Rodney Robert Porter, Fisiologia ou Medicina, 1972

54. John Hicks, Ciências Económicas, 1972

55. Dennis Gabor, nasc. na Hungria, Física, 1971

56. Bernard Katz, nasc. na Alemanha,

Fisiologia ou Medicina, 1970

57. Derek Harold Richard Barton, Química, 1969

58. Ronald George Wreyford Norrish, Química, 1967

59. George Porter, Química, 1967

60. Dorothy Crowfoot Hodgkin, Química, 1964

61. Andrew Huxley, Fisiologia ou Medicina, 1963

62. Alan Lloyd Hodgkin, Fisiologia ou Medicina, 1963

63. John Kendrew, Química, 1962

64. Max Perutz, nasc. Áustria, Química, 1962

65. Francis Crick, Fisiologia ou Medicina, 1962

66. Maurice Wilkins, nasc. na Nova Zelândia, Fisiologia ou Medicina, 1962

67. Peter Medawar, Fisiologia ou Medicina, nasc. no Brasil, 1960

68. Severo Ochoa*, nasc. Espanha, Fisiologia ou Medicina, 1959

69. Philip Noel-Baker, Paz, 1959

70. Frederick Sanger, Química, 1958

71. Alexander R. Todd, Baron Todd, Química, 1957

72. Cyril Norman Hinshelwood, Química, 1956

73. Max Born, nasc. na então Alemanha, hoje Polónia, Física, 1954

74. Winston Churchill, Literatura, 1953

75. Hans Adolf Krebs, nasc. na Alemanha, Fisiologia ou Medicina, 1953

76. Archer John Porter Martin, Química, 1952

77. Richard Laurence Millington Synge, Química, 1952

78. John Cockcroft, Física, 1951

79. Bertrand Russell, Literatura, 1950

80. Cecil Frank Powell, Física, 1950

81. John Boyd Orr, Paz, 1949

82. Patrick Blackett, Baron Blackett, Física, 1948

83. T. S. Eliot, nasc. Estados Unidos, Literatura, 1948

84. Edward Victor Appleton, Física, 1947

85. Robert Robinson, Química, 1947

86. Friends Service Council, Paz, 1947

87. Ernst Boris Chain, nasc. na Alemanha, Fisiologia ou Medicina, 1945

88. Alexander Fleming, Fisiologia ou Medicina, 1945

89. George Paget Thomson, Física, 1937

90. Robert Cecil, Paz, 1937

91. Norman Haworth, Química, 1937

92. Henry Hallett Dale, Fisiologia ou Medicina, 1936

93. James Chadwick, Física, 1935

94. Arthur Henderson, Paz, 1934

95. Norman Angell, Paz, 1933

96. Paul Dirac, Física, 1933

97. Charles Scott Sherrington, Fisiologia ou Medicina, 1932

98. John Galsworthy, Literatura, 1932

99. Edgar Adrian, Fisiologia ou Medicina, 1932

100. Arthur Harden, Química, 1929

101. Frederick Hopkins, Fisiologia ou Medicina, 1929

102. Owen Willans Richardson, Física, 1928

103. Charles Thomson Rees Wilson, Física, 1927

104. Austen Chamberlain, Paz, 1925

105. George Bernard Shaw, nasc. Irlanda, Literatura, 1925

106. John James Rickard Macleod*,

Fisiologia ou Medicina, 1923

107. Francis William Aston, Química, 1922

108. Archibald Hill, Fisiologia ou Medicina, 1922

109. Frederick Soddy, Química, 1921

110. Charles Glover Barkla, Física, 1917

111. William Henry Bragg, Física, 1915

112. William Lawrence Bragg, nasc. na Austrália, Física, 1915

113. Ernest Rutherford, nasc. na Nova Zelândia, Química, 1908

114. Rudyard Kipling, nasc. na Índia, Literatura, 1907

115. J. J. Thomson, Física, 1906

116. John William Strutt, Física, 1904

117. William Ramsay, Química, 1904

118. William Randal Cremer, Paz, 1903

119. Peter Medawar, Fisiologia ou Medicina, 1960

República Checa

1. Jaroslav Seifert, Literatura, 1984

2. Jaroslav Heyrovský, Química, 1959

3. Carl Ferdinand Cori*, nasc. na então Áustria-Hungria, Fisiologia ou Medicina, 1947

4. Gerty Cori*, nasc. na então Áustria-Hungria, Fisiologia ou Medicina, 1947

5. Bertha von Suttner*, nasc. na então Áustria-Hungria, Paz, 1905

Roménia

1. Herta Muller*, Literatura, 2009

2. Elie Wiesel*, Paz, 1986

3. George E. Palade*, Fisiologia ou Medicina, 1974

Rússia

1. Andre Geim*, Física, 2010

2. Konstantin Novoselov*, Física, 2010

3. Leonid Hurwicz*, Ciências Económicas, 2007

4. Alexei A. Abrikosov*, Física, 2003

5. Vitália Ginzburg, Física, 2003

6. Zhores Ivanovich Alferov, nasc. na então União Soviética, hoje Bielorrússia, Física, 2000

7. Mikhail Sergeyevich Gorbachev, Paz, 1990

8. Iosif Aleksandrovich Brodsky*, Literatura, 1987

9. Pyotr Leonidovich Kapitsa, Física, 1978

10. Menachem Begin*, nasc. na atual Bielorrússia, Paz, 1978

11. Ilya Prigogine*, Química, 1977

12. Andrei Dmitrievich Sakharov, Paz, 1975

13. Leonid VItáliaevich Kantorovich, Ciências Económicas, 1975

14. Aleksandr Solzhenitsyn, Literatura, 1970

15. Michail Sholokhov, Literatura, 1965

16. Nicolay G. Basov, Física, 1964

17. Aleksandr M. Prokhorov, nasc. na Austrália, Física, 1964

18. Lev Landau, nasc. no atual Azerbaijão, Física, 1962

19. Boris Pasternak, Literatura, 1958 (obrigado a recusar)

20. Pavel Alekseyevich Cherenkov, Física, 1958

21. Igor Yevgenyevich Tamm, Física, 1958

22. Ilya Mikhailovich Frank, Física, 1958

23. Nikolay Nikolayevich Semyonov, Química, 1956

24. Ivan Bunin*, Literatura, 1933

25. Wilhelm Ostwald*, nasc. na atual Letónia, Química, 1909

26. Ilya Ilyich Mechnikov, nasc. na atual Ucrânia, Fisiologia ou Medicina, 1908

27. Ivan Petrovich Pavlov, Fisiologia ou

Medicina, 1904

Santa Lúcia

1. Derek Walcott, Literatura, 1992

2. Sir Arthur Lewis*, Ciências Económicas, 1979

Sérvia

1. Ivo Andrić, nasc. Império Austro-Húngaro, atual Bósnia e Herzegovina, Literatura, 1961

Suécia

1. Tomas Tranströmer, Literatura, 2011

2. Arvid Carlsson, Fisiologia ou Medicina, 2000

3. Alva Myrdal, Paz, 1982

4. Sune Bergström, Fisiologia ou Medicina, 1982

5. Bengt I. Samuelsson, Fisiologia ou Medicina, 1982

6. Kai Siegbahn, Física, 1981

7. Torsten Wiesel*, Fisiologia ou Medicina, 1981

8. Bertil Ohlin, Ciências Económicas, 1977

9. Eyvind Johnson, Literatura, 1974

10. Harry Martinson, Literatura, 1974

11. Gunnar Myrdal, Ciências Económicas,

1974

12. Ulf von Euler, Fisiologia ou Medicina, 1970

13. Hannes Alfvén, Física, 1970

14. Ragnar Granit, nasc. no então Império Russo, hoje Finlândia, Fisiologia ou Medicina, 1967

15. Nelly Sachs, nasc. Alemanha, Literatura, 1966

16. Dag Hammarskjöld, Paz, 1961 (atribuído a título póstumo)

17. Pär Lagerkvist, Literatura, 1951

18. Arne Tiselius, Química, 1948

19. Erik Axel Karlfeldt, Literatura, 1931

20. Nathan Söderblom, Paz, 1930

21. Hans von Euler-Chelpin, nasc. Alemanha, Química, 1929

22. Theodor Svedberg, Química, 1926

23. Karl Manne Siegbahn, Física, 1924

24. Hjalmar Branting, Paz, 1921

25. Carl Gustaf Verner von Heidenstam, Literatura, 1916

26. Gustaf Dalén, Física, 1912

27. Allvar Gullstrand, Fisiologia ou Medicina, 1911

28. Selma Lagerlöf, Literatura, 1909

29. Klas Pontus Arnoldson, Paz, 1908

30. Svante Arrhenius, Química, 1903

Suíça

1. Kurt Wuthrich, Química, 2002

2. Médecins Sans Frontières, Paz, 1999

3. Rolf M. Zinkernagel, Fisiologia ou Medicina, 1996

4. Edmond H. Fischer, nasc. China, Fisiologia ou Medicina, 1992

5. Richard R. Ernst, Química, 1991

6. Karl Alexander Muller, Física, 1987

7. Heinrich Rohrer, Física, 1986

8. Georges J. F. Köhler, nasc. Alemanha (trabalhou na Suíça de 1976 a 1984), Fisiologia ou Medicina, 1984

9. Werner Arber, Fisiologia ou Medicina, 1978

10. Vladimir Prelog, nasc. na então Áustria-Hungria, atual Bósnia e Herzegovina, Química, 1975

11. Daniel Bovet, Fisiologia ou Medicina, 1957

12. Felix Bloch, Física, 1952

13. Tadeus Reichstein, Fisiologia ou Medicina, 1950

14. Walter Rudolf Hess, Fisiologia ou Medicina, 1949

15. Paul Hermann Muller, Fisiologia ou Medicina, 1948

16. Hermann Hesse, nasc. Alemanha, Literatura, 1946

17. Leopold Ružička, nasc. na então Áustria-Hungria, atual Croácia, Química, 1939

18. Paul Karrer, Química, 1937

19. Albert Einstein, nasc. Alemanha, Física, 1921

20. Charles Édouard Guillaume, Física, 1920

21. Carl Spitteler, Literatura, 1919

22. Alfred Werner, Química, 1913

23. Theodor Kocher, Fisiologia ou Medicina, 1909

24. Élie Ducommun, Paz, 1902

25. Charles Albert Gobat, Paz, 1902

26. Henry Dunant, Paz, 1901

Taiwan

1. Yuan Tseh Lee*, Química, 1986

Tibete

1. 14.º Dalai Lama, Paz, 1989

Timor-Leste

1. Carlos Filipe Ximenes Belo, Paz, 1996

2. José Ramos-Horta, Paz, 1996

Trinidad e Tobago

1. V. S. Naipaul*, Literatura, 2001

Turquia

1. Orhan Pamuk, Literatura, 2006

2. Tawakkol Karman, Paz, 2011 , tornou-se cidadã turca em 2012

Ucrânia

1. Georges Charpak*, nasc. na então Polónia, atual Ucrânia, Física, 1992

2. Roald Hoffmann*, nasc. na então Polónia, atual Ucrânia, Química, 1981

3. Ilya Ilyich Mechnikov*, nasc. no então Império Russo, atual Ucrânia, Fisiologia ou Medicina, 1908

Venezuela

1. Baruj Benacerraf, Fisiologia ou Medicina, 1980

Vietname

1. Lê Đức Thọ, nasc. Indochina Francesa, Paz, 1973 (recusou)

Precisamos isolar outras variáveis em nossa exploração sobre os efeitos do clima sobre a produção intelectual.

Variáveis intervenientes são as covariáveis que influenciam o comportamento das variáveis independentes para se controlar o resultado das análises; por isso precisamos estabelecer a função de cada variável do problema.

As estratégias de sobrevivência das sociedades são classificadas em três hipóteses mais prováveis e lógicas:

 a) Migração;

b) Adaptação ao meio ambiente;

c) Adaptação do meio ambiente através de ação direta sobre ele nos meios macro e micro ambientes.

Então as variáveis aqui importantes são:

a) O frio;

b) A escolha dentre as alternativas de sobrevivência, já analisadas;

c) A capacidade da cultura local de procurar e buscar as mudanças de parâmetros para adaptar o meio ambiente às suas necessidades e objetivos de sobrevivência e de evolução;

d) O desapego às tradições e aos mitos.

São desafios assustadores quando pensamos que foi uma atitude e comportamento social, e não individual, necessários para levar adiante estas mudanças coletivas evolucionárias diante de alternativas mais atraentes como por exemplo a migração para lugares com climas mais amenos e mais favoráveis à sobrevivência com menos esforço, em que pese que uma migração envolve uma estratégia e uma logística de grande envergadura.

Ficar e desafiar a natureza e a capacidade de produzir soluções a partir da cooperação social foi realmente um feito extraordinário! Quando não se tinha nenhuma certeza de que este empreendimento poderia ser um sucesso.

Foi notável esse feito social!

Premiados com o Nobel de Física:

• Nobel de Física

• Predefinição:Nobel de Física

A

• Alexei Alexeevich Abrikosov

• Zhores Alferov

• Hannes Alfvén

• Luis Walter Alvarez

• Carl David Anderson

• Philip Warren Anderson

• Edward Appleton

B

- John Bardeen

- Charles Glover Barkla

- Nicolay Basov

- Antoine Henri Becquerel

- Johannes Georg Bednorz

- Hans Bethe

- Gerd Binnig

- Patrick Maynard Stuart Blackett

- Felix Bloch

- Nicolaas Bloembergen

- Aage Niels Bohr

- Niels Bohr

- Max Born

- Walther Bothe

- Willard Boyle

- William Henry Bragg

- William Lawrence Bragg

- Walter Houser Brattain

- Karl Ferdinand Braun

- Percy Williams Bridgman

- Bertram Neville Brockhouse

- Louis de Broglie

C

- James Chadwick

- Owen Chamberlain

- Subrahmanyan Chandrasekhar

- Georges Charpak

- Chen Ning Yang

- Pavel Cherenkov

- Steven Chu

- John Cockcroft

- Claude Cohen-Tannoudji

- Arthur Holly Compton

- Leon Neil Cooper

- Eric Allin Cornell

- James Watson Cronin

- Marie Curie

- Pierre Curie

D

- Nils Gustaf Dalén

- Raymond Davis Jr.

- Clinton Davisson

- Hans Georg Dehmelt

- Paul Dirac

E

- Albert Einstein
- François Englert
- Leo Esaki

F

- Enrico Fermi
- Albert Fert
- Richard Feynman
- Val Logsdon Fitch
- William Alfred Fowler
- James Franck
- Illia Frank
- Jerome Isaac Friedman

G

- Dennis Gabor
- Andre Geim
- Murray Gell-Mann

G (continuação)

- Pierre-Gilles de Gennes
- Riccardo Giacconi
- Ivar Giaever
- Vitaly Ginzburg

- Donald Arthur Glaser

- Sheldon Lee Glashow

- Roy Glauber

- Maria Goeppert-Mayer

- David Gross

- Peter Grunberg

- Charles Édouard Guillaume

H

- John Lewis Hall

- Theodor Hänsch

- Serge Haroche

- Werner Heisenberg

- Gustav Ludwig Hertz

- Victor Franz Hess

- Antony Hewish

- Peter Higgs

- Robert Hofstadter

- Gerardus 't Hooft

- Russell Alan Hulse

J

- J. Hans D. Jensen

- Brian David Josephson

K

- Charles Kao

- Pyotr Kapitsa

- Alfred Kastler

- Henry Way Kendall

- Wolfgang Ketterle

- Jack Kilby

- Klaus von Klitzing

- Makoto Kobayashi

- Masatoshi Koshiba

- Herbert Kroemer

- Polykarp Kusch

L

- Willis Eugene Lamb

- Lev Landau

- Max von Laue

- Robert Betts Laughlin

- Ernest Lawrence

- Leon Max Lederman

- David Morris Lee

- Anthony Leggett

- Philipp Lenard

- Gabriel Lippmann

- Hendrik Lorentz

M

- Guglielmo Marconi

- Toshihide Masukawa

- John Mather

- Simon van der Meer

- Albert Abraham Michelson

- Robert Andrews Millikan

- Rudolf Mössbauer

- Nevill Francis Mott

- Ben Roy Mottelson

- Karl Alexander Muller

N

- Yoichiro Nambu

- Louis Eugène Félix Néel

O

- Heike Kamerlingh Onnes

- Douglas Dean Osheroff

P

- Wolfgang Paul

- Wolfgang Pauli

- Arno Allan Penzias

- Martin Lewis Perl

- Jean Baptiste Perrin

P (continuação)

- William Daniel Phillips

- Max Planck

- Hugh David Politzer

- Cecil Frank Powell

- Prémios Nobel CERN

- Aleksandr Prokhorov

- Edward Mills Purcell

R

- Isidor Isaac Rabi

- Leo James Rainwater

- Chandrasekhara Venkata Raman

- Norman Foster Ramsey

- Frederick Reines

- Owen Willans Richardson

- Robert Coleman Richardson

- Burton Richter

- Heinrich Rohrer

- Wilhelm Conrad Röntgen

- Carlo Rubbia

- Ernst Ruska

- Martin Ryle

S

- Abdus Salam

- Arthur Schawlow

- John Robert Schrieffer

- Erwin Schrödinger

- Melvin Schwartz

- Julian Schwinger

- Emilio Gino Segrè

- William Bradford Shockley

- Clifford Glenwood Shull

- Kai Siegbahn

- Karl Siegbahn

- George Smith

- George Smoot

- Johannes Stark

- Jack Steinberger

- Otto Stern

- Horst Ludwig Störmer

- John William Strutt

T

- Igor Tamm
- Joseph Hooton Taylor
- Richard Edward Taylor
- George Paget Thomson
- Joseph John Thomson
- Samuel Chao Chung Ting
- Shin'ichiro Tomonaga
- Charles Hard Townes
- Daniel Chee Tsui
- Tsung-Dao Lee

V

- Johannes Diderik van der Waals
- Martinus J. G. Veltman
- John Hasbrouck Van Vleck

W

- Ernest Walton
- Steven Weinberg
- Carl Wieman
- Wilhelm Wien
- Eugene Paul Wigner
- Frank Wilczek

- Charles Thomson Rees Wilson

- Kenneth Wilson

- Robert Woodrow Wilson

- David Wineland

Y

- Hideki Yukawa

Z

- Pieter Zeeman

- Frits Zernike

Premiados com o Nobel de Medicina e Fisiologia:

- Nobel de Fisiologia ou Medicina

*

- Predefinição:Nobel de Fisiologia ou Medicina (1901 — 1925)

- Predefinição:Nobel de Fisiologia ou Medicina (1926 — 1950)

- Predefinição:Nobel de Fisiologia ou Medicina (1951 — 1975)

- Predefinição:Nobel de Fisiologia ou Medicina (1976 — 2000)

• Predefinição:Nobel de Fisiologia ou Medicina (2001 — 2025)

A

• Edgar Douglas Adrian

• António Egas Moniz

• Werner Arber

• Richard Axel

• Julius Axelrod

B

• David Baltimore

• Frederick Banting

• Robert Bárány

• Françoise Barré-Sinoussi

• George Beadle

• Emil Adolf von Behring

• Georg von Békésy

• Baruj Benacerraf

• Sune Bergström

• Bruce Beutler

• John Michael Bishop

• James Black

• Elizabeth Blackburn

- Gunter Blobel

- Konrad Bloch

- Baruch Blumberg

- Jules Bordet

- Daniel Bovet

- Sydney Brenner

- Michael Stuart Brown

- Linda Buck

- Frank Burnet

C

- Mario Capecchi

- Arvid Carlsson

- Alexis Carrel

- Ernst Chain

- Albert Claude

- Stanley Cohen

- Carl Ferdinand Cori

- Gerty Cori

- Allan Cormack

- André Cournand

- Francis Crick

D

- Henry Dale

- Henrik Dam

- Jean Dausset

- Christian de Duve

- Max Delbruck

- Peter Doherty

- Edward Doisy

- Gerhard Domagk

- Renato Dulbecco

E

- John Eccles

- Gerald Edelman

- Robert Geoffrey Edwards

- Paul Ehrlich

- Christiaan Eijkman

- Willem Einthoven

- Gertrude Elion

- John Franklin Enders

- Joseph Erlanger

- Ulf Svante von Euler

- Martin Evans

F

- Johannes Fibiger

- Niels Ryberg Finsen

- Andrew Fire

F (continuação)

- Edmond Fischer

- Alexander Fleming

- Howard Florey

- Werner Forßmann

- Karl Ritter von Frisch

- Robert Furchgott

G

- Daniel Carleton Gajdusek

- Herbert Gasser

- George Minot

- Alfred Gilman

- Joseph Goldstein

- Camillo Golgi

- Ragnar Granit

- Paul Greengard

- Carol Greider

- Roger Guillemin

- Allvar Gullstrand

- John Gurdon

H

- Haldan Hartline
- Leland Hartwell
- Harald zur Hausen
- Philip Showalter Hench
- Alfred Hershey
- Walter Rudolf Hess
- Corneille Heymans
- Archibald Vivian Hill
- George Hitchings
- Alan Hodgkin
- Jules Hoffmann
- Robert Holley
- Frederick Gowland Hopkins
- Robert Horvitz
- Godfrey Hounsfield
- Bernardo Houssay
- David Hubel
- Charles Huggins
- Richard Timothy Hunt
- Andrew Huxley

I

- Louis Ignarro

J

- François Jacob

- Niels Jerne

K

- Eric Kandel

- Bernard Katz

- Edward Calvin Kendall

- Har Khorana

- Robert Koch

- Emil Theodor Kocher

- Georges Köhler

- Arthur Kornberg

- Albrecht Kossel

- Edwin Krebs

- Hans Krebs

- Schack August Steenberg Krogh

L

- Karl Landsteiner

- Paul Christian Lauterbur

- Charles Louis Alphonse Laveran

- Joshua Lederberg

- Rita Levi-Montalcini

- Edward Lewis

- Fritz Albert Lipmann

- Otto Loewi

- Konrad Lorenz

- Salvador Luria

- André Michel Lwoff

- Feodor Lynen

M

- John James Rickard Macleod

- Peter Mansfield

M (continuação)

- Barry Marshall

- Barbara McClintock

- Ilya Ilyich Mechnikov

- Peter Brian Medawar

- Craig Mello

- Otto Fritz Meyerhof

- César Milstein

- Jacques Monod

- Luc Montagnier

- Thomas Hunt Morgan
- Hermann Muller
- Paul Hermann Muller
- Ferid Murad
- William Murphy
- Joseph Murray

N

- Daniel Nathans
- Erwin Neher
- Charles Nicolle
- Marshall Nirenberg
- Paul Nurse
- Christiane Nusslein-Volhard

O

- Severo Ochoa

P

- George Palade
- Ivan Pavlov
- Rodney Porter
- Stanley Prusiner

R

- Santiago Ramón y Cajal

- Tadeusz Reichstein
- Dickinson Richards
- Charles Robert Richet
- Frederick Chapman Robbins
- Richard Roberts
- Martin Rodbell
- Ronald Ross
- James E. Rothman
- Francis Rous

S

- Bert Sakmann
- Bengt Samuelsson
- Andrzej Schally
- Randy Schekman
- Phillip Allen Sharp
- Charles Scott Sherrington
- Hamilton Smith
- Oliver Smithies
- George Davis Snell
- Hans Spemann
- Roger Sperry
- Ralph Steinman

- Thomas Sudhof

- John Sulston

- Earl Sutherland

- Albert Szent-Györgyi

- Jack Szostak

T

- Edward Tatum

- Howard Martin Temin

- Max Theiler

- Axel Hugo Theodor Theorell

- Edward Donnall Thomas

- Nikolaas Tinbergen

- Susumu Tonegawa

V

- John Vane

- Harold Varmus

W

- Julius Wagner von Jauregg

- Selman Waksman

- George Wald

- Otto Heinrich Warburg

Premiados com o Nobel deo Química:

•

Nobel de Química

• Predefinição:Nobel de Química

• Predefinição:Nobel de Química (1901 —
1925)

• Predefinição:Nobel de Química (1926 —
1950)

• Predefinição:Nobel de Química (1951 —
1975)

• Predefinição:Nobel de Química (1976 —
2000)

• Predefinição:Nobel de Química (2001 —
2025)

*

• Anexo:Laureados com o Nobel de
Química

A

• Peter Agre

• Kurt Alder

• Sidney Altman

• Christian Boehmer Anfinsen

• Svante Arrhenius

• Francis William Aston

B

• Adolf von Baeyer

- Derek Barton

- Paul Berg

- Friedrich Bergius

- Carl Bosch

- Paul Delos Boyer

- Herbert Charles Brown

- Eduard Buchner

- Adolf Butenandt

C

- Melvin Calvin

- Thomas Cech

- Martin Chalfie

- Yves Chauvin

- Aaron Ciechanover

- Elias James Corey

- John Cornforth

- Donald James Cram

- Paul Crutzen

- Marie Curie

- Robert Curl

D

- Peter Debye

- Johann Deisenhofer

- Otto Paul Hermann Diels

E

- Manfred Eigen

- Richard Robert Ernst

- Gerhard Ertl

- Hans Karl August Simon von Euler-Chelpin

F

- John Fenn

- Ernst Otto Fischer

- Hans Fischer

- Hermann Emil Fischer

- Paul John Flory

- Ken'ichi Fukui

G

- William Francis Giauque

- Walter Gilbert

- Victor Grignard

- Robert Grubbs

H

- Fritz Haber

- Otto Hahn

- Arthur Harden

- Odd Hassel

- Herbert Hauptman

- Walter Norman Haworth

- Richard Heck

H (continuação)

- Alan Heeger

- Dudley Robert Herschbach

- Avram Hershko

- Gerhard Herzberg

- George de Hevesy

- Jaroslav Heyrovský

- Cyril Norman Hinshelwood

- Dorothy Crowfoot Hodgkin

- Jacobus Henricus van't Hoff

- Roald Hoffmann

- Robert Huber

J

- Irène Joliot-Curie

- Frédéric Joliot-Curie

K

- Jerome Karle

- Martin Karplus

- Paul Karrer

- John Kendrew

- Aaron Klug

- William Standish Knowles

- Brian Kobilka

- Walter Kohn

- Roger Kornberg

- Harold Kroto

- Richard Kuhn

L

- Irving Langmuir

- Yuan Lee

- Robert Lefkowitz

- Jean-Marie Lehn

- Luis Federico Leloir

- Michael Levitt

- Willard Frank Libby

- William Lipscomb

M

- Alan MacDiarmid

- Roderick MacKinnon
- Edwin Mattison McMillan
- Rudolph Arthur Marcus
- Archer John Porter Martin
- Robert Bruce Merrifield
- Hartmut Michel
- Peter Mitchell
- Henri Moissan
- Mario Molina
- Stanford Moore
- Robert Mulliken
- Kary Mullis

N

- Giulio Natta
- Ei-ichi Negishi
- Walther Nernst
- Ronald Norrish
- John Howard Northrop
- Ryōji Noyori

O

- George Andrew Olah
- Lars Onsager

- Wilhelm Ostwald

P

- Linus Pauling

- Charles J. Pedersen

- Max Perutz

- John Charles Polanyi

P (continuação)

- John Pople

- George Porter

- Fritz Pregl

- Vladimir Prelog

- Ilya Prigogine

R

- Venkatraman Ramakrishnan

- William Ramsay

- Reação de Heck

- Theodore William Richards

- Robert Robinson

- Irwin Rose

- Frank Sherwood Rowland

- Ernest Rutherford

- Lavoslav Ružička

S

- Paul Sabatier
- Frederick Sanger
- Richard Schrock
- Glenn Theodore Seaborg
- Nikolay Semyonov
- Barry Sharpless
- Dan Shechtman
- Osamu Shimomura
- Hideki Shirakawa
- Jens Christian Skou
- Richard Smalley
- Michael Smith
- Frederick Soddy
- Wendell Meredith Stanley
- Hermann Staudinger
- William Howard Stein
- Thomas Steitz
- James Batcheller Sumner
- Akira Suzuki
- Theodor Svedberg
- Richard Laurence Millington Synge

T

- Koichi Tanaka
- Henry Taube
- Arne Tiselius
- Alexander Todd
- Roger Tsien

U

- Harold Clayton Urey

V

- Vincent du Vigneaud
- Artturi Ilmari Virtanen

W

- John Ernest Walker
- Otto Wallach
- Arieh Warshel
- Alfred Werner
- Heinrich Otto Wieland
- Geoffrey Wilkinson
- Richard Martin Willstätter
- Adolf Otto Reinhold Windaus
- Georg Wittig
- Robert Burns Woodward

• Kurt Wuthrich

Y

• Ada Yonath

Z

• Ahmed Zewail

• Karl Ziegler

• Richard Adolf Zsigmondy

B

• Emily Greene Balch

• Françoise Barré-Sinoussi

• Elizabeth Blackburn

• Linda Buck

• Pearl S. Buck

C

• Gerty Cori

• Mairead Corrigan

• Marie Curie

D

• Grazia Deledda

E

- Shirin Ebadi

- Gertrude Elion

G

- Maria Goeppert-Mayer

- Nadine Gordimer

- Carol Greider

H

- Dorothy Crowfoot Hodgkin

J

- Ellen Johnson-Sirleaf

- Irène Joliot-Curie

L

- Selma Lagerlöf

- Doris Lessing

- Rita Levi-Montalcini

M

- Wangari Maathai

- Barbara McClintock

M (continuação)

- Gabriela Mistral

- Toni Morrison

O

- Elinor Ostrom

S

- Bertha von Suttner

- Aung San Suu Kyi

T

- Madre Teresa de Calcutá

U

- Sigrid Undset

W

- Betty Williams

- Jody Williams

Y

- Rosalyn Yalow

- Ada Yonath

Grandes matemáticos da História da civilização moderna:

- al-Khwarizmi - da Pérsia - 780-850

- Ada Lovelace - da Inglaterra - 1815-1852

- Maria Gaetana Agnesi - da Itália - 1718-1799

- Lars Ahlfors

- Jean-Lerond d'Alembert - da Alemanha - 1717-1783

- Ubiratan D'Ambrósio - do Brasil (n. 1932)

- Andre Marie Ampere - da França - 1775-1836

- Apolônio de Perga

- Vladimir Arnold

- Arquimerdson - de Siracusa - 287 a.C.-212 a.C.

- Michael Atiyah

- Arquitas de Tarento

- Isaac Barrow - da Inglaterra - 1630-1677

- Jakob Bernoulli - da Alemanha - 1654-1705

- Johann Bernoulli - da Alemanha - 1667-1748

- Joseph Bertrand - da França - 1822-1900

- Friedrich Wilhelm Bessel - da Alemanha - 1784-1846

- Farkas Bolyai - da Romênia - 1775-1856

- János Bolyai - da Romênia - 1802-1860

- Bernhard Bolzano - da Boêmia - 1781-1848

- Rafael Bombelli - da Itália - 1526-1572

- Enrico Bombieri

- George Boole - da Inglaterra - 1815-1864

- Richard Borcherds

- Roger Boscovich

- Karol Borsuk - da Polônia - 1905-1982

- Jean Bourgain

- L. E. J. Brouwer - dos Países Baixos - 1881-1966

- Bháskara - da Índia - 1114-1185

- Giusto Bellavitis - da Itália - 1803-1880

C

- Arthur Cayley - da Inglaterra - 1821-1895

- Henri Cartan

- Georg Cantor - da Alemanha - 1845-1918

- Gerolamo Cardano - da Itália - 1501-1576

- Augustin Louis Cauchy - da França - 1789-1857

- Bonaventura Cavalieri - da Itália - 1598-1647

- Ernesto Cesàro - da Itália - 1859-1906

- Ludolph van Ceulen - da Alemanha - 1540-1610

- Alain Connes

- John Conway

• Gabriel Cramer - da Suíça - 1704-1752

• Bento de Jesus Caraça - de Portugal

• Alexis Claude Clairaut - da França - 1713-1765

D

• Germinal Pierre Dandelin - da França - Belgium - 1794-1847

• David van Dantzig - dos Países Baixos - 1900-1959

• George Dantzig - da América do Norte - 1914-

• Richard Dedekind - da Alemanha - 1831-1916

• Pierre Deligne

• Diofanto - da Grécia

• Simon Donaldson

• Adrien Douady

• Jesse Douglas

• Vladimir Drinfeld

• René Descartes - da França - 1596-1650

• Diofanto de Alexandria

E

• Eratóstenes - da Grécia

• Paul Erdos - da Hungria - 1913-1996

- Euclides - da Alexandria - 360-295 a.C.

- Eudoxo de Cnido - da Ásia Menor - 408-355 a.C.

- Leonhard Euler - da Suíça - 1707-1783

- Albert Einstein da alemanha - 1879-1955

F

- Gerd Faltings

- Charles Fefferman

- Michael Freedman

- Pierre de Fermat - da França - 1601-1665

- Lodovico Ferrari - da Itália - 1522-1565

- Leonardo Pisano Fibonacci - da Itália -

- Jean-Baptiste Joseph Fourier - da França - 1768-1830

- Adolf Fraenkel - da Alemanha - 1891-1965

G

- Galileu Galilei - da Itália

- Evariste Galois - da França - 1811-1832

- Carl Friedrich Gauss - da Alemanha - 1777-1855

- Sophie Germain - da França - 1776-1831

- Kurt Gödel - da Alemanha - 1906-1978

- Christian Goldbach - da Alemanha - 1690-

1764

- Alexander Grothendieck

- Hermann Grassmann - da Rússia - 1809-1877

- Greg Smith - dos Estados Unidos

H

- Jacques Hadamard - da França - 1865-1963

- William Rowan Hamilton - da Inglaterra - 1805-1865

- Felix Hausdorff - da Alemanha - 1869-1942

- Heisuke Hironaka

- Charles Hermite - da França - 1822-1901

- David Hilbert - da Alemanha - 1862-1943

- Hipátia - da Alexandria - 370-415

- Lars Hörmander

- Christiaan Huygens - dos Países Baixos - 1629-1695

- Hipócrates de Quíos - da Grécia - 470 a.C.-?

- Hípias de Elis - da Grécia - 460 a.C.-400 a.C.

- Heron - de Alexandria - 10-70 d.C.

I

• Inácio Manuel Azevedo do Amaral - do Brasil - 1889-1950

J

• Carl Gustav Jakob Jacobi - da Alemanha - 1804-1851

• Camille Jordan - da França - 1838-1922

K

• Leonid Kantorovich Tulhovisk - da Rússia - 1912-1986

• Abraham Gotthelf Kästner - da Alemanha - 1719-1800

• Johannes Kepler - da Alemanha - 1571-1630

• Felix Klein - da Alemanha - 1849-1925

• Donald Knuth

• Kunihiko Kodaira

• Andrey Nikolaevich Kolmogorov - da Rússia - 1903-1987

• Maxim Kontsevich

• Sofia Vasilyevna Kovalevskaja - da Rússia - 1850-1891

• Leopold Kronecker - da Alemanha - 1823-1891

• Kazimierz Kuratowski - da Polônia - 1896-1980

• Martin Wilhelm Kutta - da Alemanha -

1867-1944

L

• Lev Landau - 1908-1968

• Joseph-Louis de Lagrange - da França - 1736-1813

• Johann Heinrich Lambert - da Alemanha - 1728-1777

• Pierre Simon Laplace - da França - 1749-1827

• Henri Lebesgue - da França - 1875-1941

• Adrien-Marie Legendre - da França - 1752-1833

• Gottfried Wilhelm Leibniz - da Alemanha - 1646-1716

• Jacques-Louis Lions - 1928-2001

• Guillaume François Antoine l'Hospital - da França - 1661-1704

• Sophus Lie - da Noruega - 1842-1899

• Carl Louis Ferdinand von Lindemann - da Alemanha - 1852-1939

• Nikolai Iwanowitsch Lobatschewski - da Rússia - 1792-1856

• Leonardo da Vinci - da Itália - 1452-1519

M

• Colin Maclaurin - da Escócia - 1698-1746

- Madhava - Índia - 1350-1425

- Curtis McMullen

- Andrei Andreyevich Markov - da Rússia - 1856-1922

- Grigory Margulis

- Nikolaus Mercator

- Marin Mersenne - da França - 1588-1648

- John Milnor

- Shigefumi Mori

- David Mumford

- Hermann Minkowski - da Alemanha - 1864-1909

- August Ferdinand Möbius - da Alemanha - 1790-1868

- Abraham de Moivre - da França - 1667-1754

- Gaspard Monge - da França - 1746-1818

- Augustus de Morgan - da Índia - 1806-1871

- Manoel Amoroso Costa - do Brasil - 1885-1928

- James Clerk Maxwell da Inglaterra - 1831-1879

- John Venn-inglês-1834-1923

N

- John Napier - da Escócia - 1550-1617

- John von Neumann - da Hungria e América do Norte - 1903-1957

- Isaac Newton - da Inglaterra - 1643-1727

- Emmy Noether - da Alemanha - 1882-1935

- Sergei Novikov - Rússia

- John Forbes Nash - dos Estados Unidos, 1928-

- Pedro Nunes - de Portugal, 1502-1578

O

- Omar Khayyām - da Pérsia - 1048-1131

- Otto de Alencar - do Brasil - 1874-1912

P

- Jacob Palis - do Brasil - 1940-

- Blaise Pascal - da França - 1623-1662

- Giuseppe Peano - da Itália - 1858-1932

- Grigori Perelman- de Rússia

- Henri Poincaré - da França - 1854-1912

- Simeon Denis Poisson - da França - 1781-1840

- George Polya - da Hungria e América do Norte - 1887-1985

- Pitágoras de Sammos - da Grécia - 570 a.C. a 497 a.C.

- Ptolomeu da Grécia 85.ca-165ca

Q

- Daniel Quillen

R

- Srinivasa Ramanujan - da Índia - 1887-1920

- Regiomontanus - Johannes Muller - da Alemanha - 1436-1476

- Marian Rejewski - da Polónia - 1905-1980

- Bernhard Riemann - da Alemanha - 1826-1866

- Adam Riese - da Alemanha - 1492-1559

- Klaus Friedrich Roth

- Carl Runge - da Alemanha - 1856-1927

- Bertrand Russell - da Inglaterra - 1872-1970

- Jacopo Francesco Riccati - Itália - 1676-1754

S

- Waclaw Sierpinski - da Polônia - 1882-1969

- Laurent Schwartz

- Atle Selberg

- Jean-Pierre Serre

- Thoralf Skolem - da Noruega - 1887-1963

- Willebrord Snellius - dos Países Baixos - 1580-1626

- Stephen Smale

- Jakob Steiner - da Suíça - 1796-1863

- Simon Stevin - dos Países Baixos - 1548-1620

- Michael Stifel - da Alemanha - 1487-1567

- James Stirling - da Escócia - 1692-1770

- Josef Schreier - da Polônia - 1909-1943

T

- Alfred Tarski - da Polônia - 1901-1983

- Niccolo Fontana Tartaglia - de Veneza - 1499-1557

- Brook Taylor - da Inglaterra - 1685-1731

- Jacques Tits - belgo-francês

- William Thurston - Estados Unidos

- Pafnuti Tchebychev - da Rússia - 1821-1894

- Alan Turing - da Inglaterra - 1912-1954

U

- Stanislaw Ulam - da Polônia e América do Norte - 1909-1984

V

- François Viète - da França - 1540-1603

• Alexandre-Theóphile Vandermonde - da
França - 1735-1796

• José Vicente Gonçalves - de Portugal -
1896-1985

W

• Bartel Leendert van der Waerden - dos
Países Baixos - 1903-1996

• Pierre Laurent Wantzel - da França

• Edward Waring - da Inglaterra - 1736-
1798

• Warren Weaver - dos Estados Unidos -
1894-1978

• Karl Weierstrass - da Alemanha - 1815-
1897

• André Weil - da França - 1906-1998

• Andrew Wiles - 1953-?

• Edward Witten

• Christopher Wren - da Inglaterra - 1632-
1723

• Josef Hoëné-Wronski - da Polônia - 1778-
1853

Y

• Shing-Tung Yau

• Jean-Christophe Yoccoz

Z

- Efim Zelmanov

- Ernst Zermelo - da Alemanha - 1871-1952

- A., Choudum S. (Índia, 1947 -)

- Aaboe, Asger (?, 1922 - 2007)

- Aalen, Odd (Noruega, 1947 -)

- Aanderaa, Stål (Noruega, 1931 -)

- Abakanowicz, Bruno
(Rússia/Polônia/Lituânia, 1852 - 1900)

- Abel, Niels Henrik (Noruega, 1802 - 1829)

- Abelson, Harold (EUA, ? -)

- Abercrombie, Alexander (Inglaterra, 1949
-)

- al-Abharī, Athīr al-Dīn (Pérsia, 1200 -
1265)

- Abhyankar, S. S. (Índia/EUA, 1930 -)

- Abian, Alexander (EUA, 1923 - 1999)

- Ablowitz, Mark J. (?, ? -)

- Abraham, Ralph (USA, 1936 -)

- Abrahams, David (Inglaterra, 1958 -)

- D'Abramo, Germano (Itália, 1973 -)

- Abramowicz, Kazimierz (Polônia, 1889 -
1936)

- Abramowitz, Milton (EUA, 1915 - 1958)

- Abubakar, Abdusalam (Irlanda, ? -)

- Abubakar, Iya (Nigéria, 1934 -)

- Aced, Rafael Mercado (?, ? -)

- Achenwall, Gottfried (Alemanha, 1719 - 1772)

- Ackerman, Nate (EUA, 1978 -)

- Ackermann, Wilhelm (Alemanha, 1896 - 1962)

- Ackermans, Stan (Países Baixos, 1936 - 1995)

- Aczel, Amir (Israel, 1950 -)

- Aczél, János (Canadá/Hungria, 1924 -)

- Aczel, Peter (Inglaterra, ? -)

- Adair, John (Escócia, 1650s - 1722)

- Adalbold II of Utrecht (Países Baixos, ? - 1026)

- Adam, Jehan (França, ? -)

- Adams, Colin (EUA, 1956 -)

- Adams, Jeffrey (EUA, 1955 -)

- Adams, John Couch (Inglaterra, 1819 - 1892)

- Adams, John Frank (Inglaterra, 1930 - 1989)

- Adams, Karl (Suíça, 1811 - 1849)

- Adamyan, Vadym (Ucrânia/URSS,1938 -)

Ade

• Adelard of Bath (?, 1080s - 1150s)

• Adelbulner, Michael (Alemanha, 1702 - 1779)

• Adelson-Velsky, Georgy Maximovich (Rússia/URSS, 1922 -)

• Adelstein, Abraham Manie (Inglaterra/África do Sul, 1916 - 1992)

• Ádem, José (México, 1921 - 1991)

• Adhemar, Joseph Alphonse (França, 1797 - 1862)

• Adian, Sergei (Armênia/Rússia/URSS, 1931 -)

• Adler, August (República Tcheca/Áustria, 1863 - 1923)

• Adler, Irving (EUA, 1913 -)

• Adler, Mark (EUA, 1959 -)

• Adomian, George (EUA, 1922 - 1996)

• Adrain, Robert (Irlanda/EUA, 1775 - 1843)

• Adrastus of Cyzicus (?, ? -)

• Adriaanszoon, Adriaan (Países Baixos, 1571 - 1635)

• Afanasyeva, Tatyana Alexeyevna (Rússia, 1876 - 1964)

• ibn Aflah, Jabir (Arábia, 1100 - 1150)

- Afraimovich, Valentin (Rússia/URSS, 1945 -)
- Agnesi, Maria Gaetana (Itália, 1718 - 1799)
- Agrawal, Manindra (Índia, 1966 -)
- Agrest, Matest M. (Rússia, 1915 - 2005)
- Agrippa, Camillo (Itália, ? -)
- d'Aguilon, François (Bélgica, 1567 - 1617)
- Aharoni, Ron (Israel, ? -)
- Ahlfors, Lars Valerian (Finlândia, 1907 - 1996)
- Ahlgren, Paco (EUA, 1968 -)
- Ahlswede, Rudolf (Alemanha, 1938 -)
- ibn Ahmad al-Nasawī, Alī (Pérsia, 1010s - 1070s)
- Ahmed, Ziauddin (Índia/Paquistão, 1878 - 1947)
- Ahmes (Egito, 1680 BC - 1620 BC)
- Ahsan, Riaz (Paquistão, 1951 - 2008)

Aig

- Aigner, Martin (Áustria, 1942 -)
- Aitchison, John (Escócia, 1926 -)
- Aitken, Alexander Craig (Inglaterra/Nova Zelândia, 1895 - 1967)
- Aiyer, V. Ramaswamy (Índia, ? -)

- Aizenman, Michael (?, ? -)

- Ajdukiewicz, Kazimierz (Polônia, 1890 - 1963)

- Ajtai, Miklós (Hungria, 1946 -)

- Akaike, Hirotugu (Japão, 1927 - 2009)

- Akansu, Ali (Turquia/EUA, ? -)

- Akbulut, Selman (Turquia, ? -)

- Akhiezer, Naum (Bielorrússia/URSS, 1901 - 1980)

- Akiba, Tadatoshi (Japão, 1942 -)

- Alaoglu, Leonidas (EUA/Canadá/Grécia, 1914 - 1981)

- Alavi, Yousef (EUA/Paquistão, ? -)

- Albanese, Giacomo (Itália, 1890 - 1948)

- Alben, Silas D. (?, ? -)

- Albert, Abraham Adrian (EUA, 1905 - 1972)

- Albert, Michael H. (Canadá, 1962 -)

- Albeverio, Sergio (Suíça, 1939 -)

- Alcan, Félix (França, 1841 - 1925)

- Alder, Mike (Austrália, ? -)

- Aldous, David (?, ? -)

- Alele-Williams, Grace (Nigéria, 1932 -)

- d'Alembert, Jean le Rond (França, 1717 -

1783)

- Alexander of Villedieu (?, 1175 - 1240)

- Alexander, Archie (?, ? -)

- Alexander, Conel Hugh O'Donel (Inglaterra, 1909 - 1974)

- Alexander, Stephen (?, 1806 - 1883)

- Alexandrov, Aleksandr Danilovich (Rússia/URSS, 1912 - 1999)

- Alexandrov, Pavel (Rússia/URSS, 1896 - 1982)

- Alexiewicz, Andrzej (Polônia, 1917 - 1995)

Alf

- Alford, W. R. (Red) (EUA, 1937 - 2003)

- Alhazen (Arábia/Pérsia/Iraque, 965 - 1039)

- ibn Alī al-Qalasādī, Abū al-Hasan (Arábia, 1412 - 1486)

- Ali, Mir Masoom (EUA, 1937 -)

- Aliprantis, Charalambos D. (EUA/Grécia, 1946 - 2009)

- Allan, Graham Robert (Inglaterra, 1936 - 2007)

- Allé, Moritz (República Tcheca, 1837 - 1913)

- Allen, Roy George Douglas (Inglaterra,

1906 - 1983)

• Allen, Thomas (Inglaterra, 1542 - 1632)

• Allendoerfer, Carl B. (EUA, 1911 - 1974)

• Allman, George Johnston (Inglaterra, 1824 - 1904)

• d'Allonville, Jacques (França, 1671 - 1732)

• Almgren, Jr., Frederick J. (EUA, 1933 - 1997)

• Alon, Noga (Israel, 1956 -)

• Alperin, Jonathan Lazare (EUA, 1937 -)

• Alpert, Bradley (?, ? -)

• Alt, Franz (Áustria/EUA, 1910 -)

• Altman, Doug (Inglaterra, 1948 -)

• Altschul, Stephen (EUA, 1957 -)

• Alvord, Benjamin (EUA, 1813 - 1884)

• Ambrose, Warren (EUA, 1914 - 1996)

• Ambrosio, Luigi (Itália, 1963 -)

• Ambschel, Anton (Eslovênia, 1746 - 1821)

• Amici, Giovanni Battista (Itália, 1786 - 1863)

• Amitsur, Shimshon (Israel, 1921 - 1994)

• Amma, T.A. Sarasvati (Índia, ? -)

• Ammann, Robert (EUA, 1946 - 1994)

• Amoroso, Luigi (Itália, 1886 - 1965)

• Ampère, André-Marie, (França, 1775 - 1836)

• Amringe, John Howard Van (EUA, 1836 - 1915)

Ams

• Amsler-Laffon, Jakob (Suíça, 1823 - 1912)

• Amur, K. S. (?, 1934 -)

• Anaxágoras de Clazômenas (Grécia Antiga, 500s AC - 428 AC)

• AAnaxímenes de Mileto (Grécia Antiga, 585 AC - 525 AC)

• Anđelić, Tatomir (Sérvia, 1903 - 1993)

• Anderson, Alexander (Escócia, 1580s - 1620)

• Anderson, George (Inglaterra, ? -)

• Anderson, John Robert (?, 1947 -)

• Anderson, Michael (?, 1950 -)

• Anderson, Oskar (Alemanha/Rússia, 1887 - 1960)

• Anderson, Richard Davis (EUA, 1922 - 2008)

• Anderson, Robert (Inglaterra, ? -)

• Anderson, Theodore Wilbur (EUA, ? -)

• André, Yves Marie (?, 1675 - 1764)

• Andreescu, Titu (Romênia/EUA, 1956 -)

• Andreev, Konstantin (Rússia/URSS, 1848 - 1921)

• Andreini, Alfredo (?, 1870 - 1943)

• Andrew, Henry Martyn (?, 1846 - 1888)

• Andrews, Annie Dale Biddle (?, 1885 - 1940)

• Andrews, Ben (?, ? -)

• Andrews, George (EUA, 1938 -)

• Andrews, Peter B. (EUA, 1937 -)

• Andrunakievich, Vladimir (Moldávia/URSS, 1917 - 1979)

• Anger, Carl Theodor (Alemanha, 1803 - 1858)

• Ankeny, Nesmith (EUA, 1927 - 1993)

• Anosov, Dmitri (Rússia/URSS, 1936 -)

• Anscombe, Francis (Inglaterra, 1918 - 2001)

• Anselin, Luc (Bélgica, ? -)

• Ansoff, Igor (EUA, 1918 - 2002)

• Antêmio de Trales (Grécia Antiga, 474 - 534)

• Antifonte de Atenas (Grécia Antiga, 480 AC - 411 AC)

- Antoine, Louis (França, 1888 - 1971)

- Antonelli, Giovanni (Itália, 1818 - 1872)

Ape

- Apéry, Roger (França/Grécia, 1916 - 1994)

- Apfelbacher, Karl (Alemanha, ? -)

- Apian, Philipp (Alemanha, 1531 - 1589)

- Apianus, Petrus (Alemanha, 1495 - 1552)

- Apolônio de Pérgamo (Grécia Antiga, 262 AC - 190 AC)

- Apostol, Tom M. (EUA/Grécia, 1923 -)

- Appel, Kenneth (EUA, 1932 -)

- Appell, Paul Émile (França, 1855 - 1930)

- Arad, Zvi (Israel, 1942 -)

- Arago, François Jean Dominique (França, 1786 - 1853)

- Arakelov, Suren (URSS, 1947 -)

- Arbarello, Enrico (Itália, ? -)

- Arbogast, Louis François Antoine (França, 1759 - 1803)

- Arbuthnot, John (Inglaterra, 1667 - 1735)

- Arquimedes (Grécia Antiga/Sicília, 287 AC - 212 AC)

- Arquitas de Tarento (Grécia Antiga, 428 BC - 347 BC)

• D'Arcy, Count Patrick (Irlanda, 1725 - 1779)

• Arens, Richard Friederich (EUA, 1919 - 2000)

• Arenstorf, Richard (EUA, ? -)

• Arf, Cahit (Turquia, 1910 - 1997)

• Argand, Jean-Robert (França, 1768 - 1822)

• Argoli, Andrea (Itália, 1570 - 1657)

• Aristarco de Samos (Grécia Antiga, 310 AC - 230 AC)

• Aristóteles (Grécia Antiga, 384 AC - 322 AC)

• Armero, Julio Garavito (Colômbia, 1865 - 1920)

• Armitage, Peter (Inglaterra, 1924 -)

• Arnauld, Antoine (França, 1612 - 1694)

• Arnold, Douglas N. (EUA, 1954 -)

• Arnold, Vladimir Igorevich (Rússia/URSS, 1937 - 2010)

• Arocena, Rodrigo (Uruguai, 1947 -)

• Aronszajn, Nachman (Polônia, 1907 - 1980)

Art

• Arthur, James (EUA/Canadá, 1944 -)

- de Artiga, Francisco (Espanha, ? - 1711)

- Artin, Emil (Áustria/EUA, 1898 - 1962)

- Artin, Michael (EUA, 1934 -)

- Artom, Emilio (?, 1888 - 1952)

- Arveson, William (EUA, 1934 -)

- Aryabhata I (Índia, 476 - 550)

- Arzelà, Cesare (Itália, 1847 - 1912)

- Aṣ-Ṣaidanānī (?, ? -)

- Aschbacher, Michael (EUA, 1944 -)

- Asclépios de Trales (Grécia Antiga, ? -)

- Ascoli, Giulio (Itália, 1843 - 1896)

- Aşkar, Attila (Turquia, ? -)

- Askey, Richard (EUA, 1933 -)

- ibn Aslam, Abū Kāmil Shujā (Egito, 850 - 930)

- Aslam, Chaudry Mohammad (Paquistão, 1900 - 1965)

- Asprey, Winifred (?, 1917 - 2007)

- Asser, Gunter (Alemanha, ? -)

- Atanassov, Krassimir (Bulgária, 1954 -)

- Athey, Susan (EUA, 1970 -)

- Atiyah, Michael Francis (Inglaterra, 1929 -)

- Atkin, A. O. L. (EUA/Inglaterra, 1925 - 2008)

- Atkinson, Henry (Inglaterra, 1781 - 1824)

- Átalo de Rodes (Grécia Antiga, ? -)

- Atwood, George (Inglaterra, 1745 - 1807)

- Aubert, Karl Egil (Noruega, 1924 - 1990)

- Aubin, Thierry (França, 1942 - 2009)

- Auerbach, Herman (Polônia, 1901 - 1942)

- Augenstein, Bruno (Alemanha, 1923 - 2005)

- Aumann, Israel Robert John (Israel, 1930 -)

Aus

- Auslander, Louis (?, 1928 - 1997)

- Austin, James Murdoch (EUA, 1915 - 2000)

- Austin, Oscar Phelps (EUA, 1848 - 1933)

- Autólico de Pitane (Grécia Antiga, 360 BC - 290 BC)

- Ávila, Artur (Brasil, 1979 -)

- Avis, David (Inglaterra, 1951 -)

- Ax, James (EUA, 1937 - 2006)

- Axelrod, Robert (EUA, 1943 -)

- Ayres, Leonard Porter (EUA, 1879 - 1946)

• Ayrton, Hertha Marks (Inglaterra, 1854 - 1923)

• Ayyangar, A. A. Krishnaswami (Índia, 1892 - 1953)

• Azuma, Kazuoki (Japão, ? -)

• Azumaya, Goro (Japão, 1920 -)

A

• A., Choudum S. (Índia, 1947 -)

• Aaboe, Asger (?, 1922 - 2007)

• Aalen, Odd (Noruega, 1947 -)

• Aanderaa, Stål (Noruega, 1931 -)

• Abakanowicz, Bruno (Rússia/Polônia/Lituânia, 1852 - 1900)

• Abel, Niels Henrik (Noruega, 1802 - 1829)

• Abelson, Harold (EUA, ? -)

• Abercrombie, Alexander (Inglaterra, 1949 -)

• al-Abharī, Athīr al-Dīn (Pérsia, 1200 - 1265)

• Abhyankar, S. S. (Índia/EUA, 1930 -)

• Abian, Alexander (EUA, 1923 - 1999)

• Ablowitz, Mark J. (?, ? -)

• Abraham, Ralph (USA, 1936 -)

- Abrahams, David (Inglaterra, 1958 -)

- D'Abramo, Germano (Itália, 1973 -)

- Abramowicz, Kazimierz (Polônia, 1889 - 1936)

- Abramowitz, Milton (EUA, 1915 - 1958)

- Abubakar, Abdusalam (Irlanda, ? -)

- Abubakar, Iya (Nigéria, 1934 -)

- Aced, Rafael Mercado (?, ? -)

- Achenwall, Gottfried (Alemanha, 1719 - 1772)

- Ackerman, Nate (EUA, 1978 -)

- Ackermann, Wilhelm (Alemanha, 1896 - 1962)

- Ackermans, Stan (Países Baixos, 1936 - 1995)

- Aczel, Amir (Israel, 1950 -)

- Aczél, János (Canadá/Hungria, 1924 -)

- Aczel, Peter (Inglaterra, ? -)

- Adair, John (Escócia, 1650s - 1722)

- Adalbold II of Utrecht (Países Baixos, ? - 1026)

- Adam, Jehan (França, ? -)

- Adams, Colin (EUA, 1956 -)

- Adams, Jeffrey (EUA, 1955 -)

• Adams, John Couch (Inglaterra, 1819 - 1892)

• Adams, John Frank (Inglaterra, 1930 - 1989)

• Adams, Karl (Suíça, 1811 - 1849)

• Adamyan, Vadym (Ucrânia/URSS, 1938 -)

Ade

• Adelard of Bath (?, 1080s - 1150s)

• Adelbulner, Michael (Alemanha, 1702 - 1779)

• Adelson-Velsky, Georgy Maximovich (Rússia/URSS, 1922 -)

• Adelstein, Abraham Manie (Inglaterra/África do Sul, 1916 - 1992)

• Ádem, José (México, 1921 - 1991)

• Adhemar, Joseph Alphonse (França, 1797 - 1862)

• Adian, Sergei (Armênia/Rússia/URSS, 1931 -)

• Adler, August (República Tcheca/Áustria, 1863 - 1923)

• Adler, Irving (EUA, 1913 -)

• Adler, Mark (EUA, 1959 -)

• Adomian, George (EUA, 1922 - 1996)

• Adrain, Robert (Irlanda/EUA, 1775 - 1843)

- Adrastus of Cyzicus (?, ? -)

- Adriaanszoon, Adriaan (Países Baixos, 1571 - 1635)

- Afanasyeva, Tatyana Alexeyevna (Rússia, 1876 - 1964)

- ibn Aflah, Jabir (Arábia, 1100 - 1150)

- Afraimovich, Valentin (Rússia/URSS, 1945 -)

- Agnesi, Maria Gaetana (Itália, 1718 - 1799)

- Agrawal, Manindra (Índia, 1966 -)

- Agrest, Matest M. (Rússia, 1915 - 2005)

- Agrippa, Camillo (Itália, ? -)

- d'Aguilon, François (Bélgica, 1567 - 1617)

- Aharoni, Ron (Israel, ? -)

- Ahlfors, Lars Valerian (Finlândia, 1907 - 1996)

- Ahlgren, Paco (EUA, 1968 -)

- Ahlswede, Rudolf (Alemanha, 1938 -)

- ibn Ahmad al-Nasawī, Alī (Pérsia, 1010s - 1070s)

- Ahmed, Ziauddin (Índia/Paquistão, 1878 - 1947)

- Ahmes (Egito, 1680 BC - 1620 BC)

- Ahsan, Riaz (Paquistão, 1951 - 2008)

Aig

• Aigner, Martin (Áustria, 1942 -)

• Aitchison, John (Escócia, 1926 -)

• Aitken, Alexander Craig (Inglaterra/Nova Zelândia, 1895 - 1967)

• Aiyer, V. Ramaswamy (Índia, ? -)

• Aizenman, Michael (?, ? -)

• Ajdukiewicz, Kazimierz (Polônia, 1890 - 1963)

• Ajtai, Miklós (Hungria, 1946 -)

• Akaike, Hirotugu (Japão, 1927 - 2009)

• Akansu, Ali (Turquia/EUA, ? -)

• Akbulut, Selman (Turquia, ? -)

• Akhiezer, Naum (Bielorrússia/URSS, 1901 - 1980)

• Akiba, Tadatoshi (Japão, 1942 -)

• Alaoglu, Leonidas (EUA/Canadá/Grécia, 1914 - 1981)

• Alavi, Yousef (EUA/Paquistão, ? -)

• Albanese, Giacomo (Itália, 1890 - 1948)

• Alben, Silas D. (?, ? -)

• Albert, Abraham Adrian (EUA, 1905 - 1972)

• Albert, Michael H. (Canadá, 1962 -)

- Albeverio, Sergio (Suíça, 1939 -)

- Alcan, Félix (França, 1841 - 1925)

- Alder, Mike (Austrália, ? -)

- Aldous, David (?, ? -)

- Alele-Williams, Grace (Nigéria, 1932 -)

- d'Alembert, Jean le Rond (França, 1717 - 1783)

- Alexander of Villedieu (?, 1175 - 1240)

- Alexander, Archie (?, ? -)

- Alexander, Conel Hugh O'Donel (Inglaterra, 1909 - 1974)

- Alexander, Stephen (?, 1806 - 1883)

- Alexandrov, Aleksandr Danilovich (Rússia/URSS, 1912 - 1999)

- Alexandrov, Pavel (Rússia/URSS, 1896 - 1982)

- Alexiewicz, Andrzej (Polônia, 1917 - 1995)

Alf

- Alford, W. R. (Red) (EUA, 1937 - 2003)

- Alhazen (Arábia/Pérsia/Iraque, 965 - 1039)

- ibn Alī al-Qalasādī, Abū al-Hasan (Arábia, 1412 - 1486)

- Ali, Mir Masoom (EUA, 1937 -)

- Aliprantis, Charalambos D. (EUA/Grécia, 1946 - 2009)

- Allan, Graham Robert (Inglaterra, 1936 - 2007)

- Allé, Moritz (República Tcheca, 1837 - 1913)

- Allen, Roy George Douglas (Inglaterra, 1906 - 1983)

- Allen, Thomas (Inglaterra, 1542 - 1632)

- Allendoerfer, Carl B. (EUA, 1911 - 1974)

- Allman, George Johnston (Inglaterra, 1824 - 1904)

- d'Allonville, Jacques (França, 1671 - 1732)

- Almgren, Jr., Frederick J. (EUA, 1933 - 1997)

- Alon, Noga (Israel, 1956 -)

- Alperin, Jonathan Lazare (EUA, 1937 -)

- Alpert, Bradley (?, ? -)

- Alt, Franz (Áustria/EUA, 1910 -)

- Altman, Doug (Inglaterra, 1948 -)

- Altschul, Stephen (EUA, 1957 -)

- Alvord, Benjamin (EUA, 1813 - 1884)

- Ambrose, Warren (EUA, 1914 - 1996)

- Ambrosio, Luigi (Itália, 1963 -)

- Ambschel, Anton (Eslovênia, 1746 - 1821)

- Amici, Giovanni Battista (Itália, 1786 - 1863)

- Amitsur, Shimshon (Israel, 1921 - 1994)

- Amma, T.A. Sarasvati (Índia, ? -)

- Ammann, Robert (EUA, 1946 - 1994)

- Amoroso, Luigi (Itália, 1886 - 1965)

- Ampère, André-Marie, (França, 1775 - 1836)

- Amringe, John Howard Van (EUA, 1836 - 1915)

Ams

- Amsler-Laffon, Jakob (Suíça, 1823 - 1912)

- Amur, K. S. (?, 1934 -)

- Anaxágoras de Clazômenas (Grécia Antiga, 500s AC - 428 AC)

- AAnaxímenes de Mileto (Grécia Antiga, 585 AC - 525 AC)

- Anđelić, Tatomir (Sérvia, 1903 - 1993)

- Anderson, Alexander (Escócia, 1580s - 1620)

- Anderson, George (Inglaterra, ? -)

- Anderson, John Robert (?, 1947 -)

- Anderson, Michael (?, 1950 -)

• Anderson, Oskar (Alemanha/Rússia, 1887 - 1960)

• Anderson, Richard Davis (EUA, 1922 - 2008)

• Anderson, Robert (Inglaterra, ? -)

• Anderson, Theodore Wilbur (EUA, ? -)

• André, Yves Marie (?, 1675 - 1764)

• Andreescu, Titu (România/EUA, 1956 -)

• Andreev, Konstantin (Rússia/URSS, 1848 - 1921)

• Andreini, Alfredo (?, 1870 - 1943)

• Andrew, Henry Martyn (?, 1846 - 1888)

• Andrews, Annie Dale Biddle (?, 1885 - 1940)

• Andrews, Ben (?, ? -)

• Andrews, George (EUA, 1938 -)

• Andrews, Peter B. (EUA, 1937 -)

• Andrunakievich, Vladimir (Moldávia/URSS, 1917 - 1979)

• Anger, Carl Theodor (Alemanha, 1803 - 1858)

• Ankeny, Nesmith (EUA, 1927 - 1993)

• Anosov, Dmitri (Rússia/URSS, 1936 -)

• Anscombe, Francis (Inglaterra, 1918 - 2001)

- Anselin, Luc (Bélgica, ? -)

- Ansoff, Igor (EUA, 1918 - 2002)

- Antêmio de Trales (Grécia Antiga, 474 - 534)

- Antifonte de Atenas (Grécia Antiga, 480 AC - 411 AC)

- Antoine, Louis (França, 1888 - 1971)

- Antonelli, Giovanni (Itália, 1818 - 1872)

Ape

- Apéry, Roger (França/Grécia, 1916 - 1994)

- Apfelbacher, Karl (Alemanha, ? -)

- Apian, Philipp (Alemanha, 1531 - 1589)

- Apianus, Petrus (Alemanha, 1495 - 1552)

- Apolônio de Pérgamo (Grécia Antiga, 262 AC - 190 AC)

- Apostol, Tom M. (EUA/Grécia, 1923 -)

- Appel, Kenneth (EUA, 1932 -)

- Appell, Paul Émile (França, 1855 - 1930)

- Arad, Zvi (Israel, 1942 -)

- Arago, François Jean Dominique (França, 1786 - 1853)

- Arakelov, Suren (URSS, 1947 -)

- Arbarello, Enrico (Itália, ? -)

- Arbogast, Louis François Antoine (França, 1759 - 1803)

- Arbuthnot, John (Inglaterra, 1667 - 1735)

- Arquimedes (Grécia Antiga/Sicília, 287 AC - 212 AC)

- Arquitas de Tarento (Grécia Antiga, 428 BC - 347 BC)

- D'Arcy, Count Patrick (Irlanda, 1725 - 1779)

- Arens, Richard Friederich (EUA, 1919 - 2000)

- Arenstorf, Richard (EUA, ? -)

- Arf, Cahit (Turquia, 1910 - 1997)

- Argand, Jean-Robert (França, 1768 - 1822)

- Argoli, Andrea (Itália, 1570 - 1657)

- Aristarco de Samos (Grécia Antiga, 310 AC - 230 AC)

- Aristóteles (Grécia Antiga, 384 AC - 322 AC)

- Armero, Julio Garavito (Colômbia, 1865 - 1920)

- Armitage, Peter (Inglaterra, 1924 -)

- Arnauld, Antoine (França, 1612 - 1694)

- Arnold, Douglas N. (EUA, 1954 -)

- Arnold, Vladimir Igorevich (Rússia/URSS,

1937 - 2010)

• Arocena, Rodrigo (Uruguai, 1947 -)

• Aronszajn, Nachman (Polônia, 1907 - 1980)

Art

• Arthur, James (EUA/Canadá, 1944 -)

• de Artiga, Francisco (Espanha, ? - 1711)

• Artin, Emil (Áustria/EUA, 1898 - 1962)

• Artin, Michael (EUA, 1934 -)

• Artom, Emilio (?, 1888 - 1952)

• Arveson, William (EUA, 1934 -)

• Aryabhata I (Índia, 476 - 550)

• Arzelà, Cesare (Itália, 1847 - 1912)

• Aṣ-Ṣaidanānī (?, ? -)

• Aschbacher, Michael (EUA, 1944 -)

• Asclépios de Trales (Grécia Antiga, ? -)

• Ascoli, Giulio (Itália, 1843 - 1896)

• Aşkar, Attila (Turquia, ? -)

• Askey, Richard (EUA, 1933 -)

• ibn Aslam, Abū Kāmil Shujā (Egito, 850 - 930)

• Aslam, Chaudry Mohammad (Paquistão, 1900 - 1965)

- Asprey, Winifred (?, 1917 - 2007)

- Asser, Gunter (Alemanha, ? -)

- Atanassov, Krassimir (Bulgária, 1954 -)

- Athey, Susan (EUA, 1970 -)

- Atiyah, Michael Francis (Inglaterra, 1929 -)

- Atkin, A. O. L. (EUA/Inglaterra, 1925 - 2008)

- Atkinson, Henry (Inglaterra, 1781 - 1824)

- Átalo de Rodes (Grécia Antiga, ? -)

- Atwood, George (Inglaterra, 1745 - 1807)

- Aubert, Karl Egil (Noruega, 1924 - 1990)

- Aubin, Thierry (França, 1942 - 2009)

- Auerbach, Herman (Polônia, 1901 - 1942)

- Augenstein, Bruno (Alemanha, 1923 - 2005)

- Aumann, Israel Robert John (Israel, 1930 -)

Aus

- Auslander, Louis (?, 1928 - 1997)

- Austin, James Murdoch (EUA, 1915 - 2000)

- Austin, Oscar Phelps (EUA, 1848 - 1933)

- Autólico de Pitane (Grécia Antiga, 360 BC - 290 BC)

• Ávila, Artur (Brasil, 1979 -)

• Avis, David (Inglaterra, 1951 -)

• Ax, James (EUA, 1937 - 2006)

• Axelrod, Robert (EUA, 1943 -)

• Ayres, Leonard Porter (EUA, 1879 - 1946)

• Ayrton, Hertha Marks (Inglaterra, 1854 - 1923)

• Ayyangar, A. A. Krishnaswami (Índia, 1892 - 1953)

• Azuma, Kazuoki (Japão, ? -)

• Azumaya, Goro (Japão, 1920 -)

Lista dos Físicos mais importantes do mundo:

• Alan J. Heeger (1936 –)

• Alan Lightman (1948 –)

• Albert Einstein (1879 – 1955)

• Alhazen (965 – 1039)

• Anders Jonas Angstrom (1814 – 1874)

• Antoine Henri Becquerel (1852 – 1908)

• Alessandro Giuseppe Antonio Anastasio Volta (1745 – 1827)

B

- Blaise Pascal (1623 – 1662)

- Benjamin Franklin (1706 – 1790)

- Bruno Pontecorvo (1913 – 1993)

- Bruno Rossi (1905 – 1993)

C

- Carl David Anderson (1905 – 1991)

- Carl Edward Sagan (1934 – 1996)

- Cesare Mansueto Giulio Lattes (1924 – 2005)

- Gustave-Gaspard Coriolis (1792 – 1843)

- Charles de Coulomb (1736 – 1806)

- Constance Charlotte Dilworth (1924 – 2005)

D

- David Bohm (1917 – 1992)

E

- Edme Mariotte (1620 – 1684)

- Eliyahu M. Goldratt (1948 –)

- Ernest Rutherford (1871 – 1937)

- Ernst Mach (1838 – 1916)

- Erwin Schrödinger (1887 – 1961)

F

- Francis William Aston (1877 – 1945)

• Fritjof Capra (1939 –)

• Frédéric Joliot (1900 – 1958)

G

• Galileu Galilei (1564 – 1642)

• Giuseppe Occhialini (1907 – 1993)

• George Gabriel Stokes (1819 – 1903)

• Georg Simon Ohm (1789 – 1854)

• Gottfried Munzenberg (1940 – 1976)

• Gustav Kirchhoff (1824 – 1887)

• Gustav Ludwig Hertz (1887 – 1975)

H

• Hans Christian Ørsted (1777 – 1851)

• Hans Geiger (1882 – 1945)

• Heinrich Hertz (1857 – 1894)

• Hendrik Lorentz (1853 – 1928)

• Hideki Yukawa (1907 – 1981)

• Henry Cavendish (1731 – 1810)

I

• Irène Joliot-Curie (1897 – 1956)

• Isaac Newton (1643 – 1727)

J

• Jean Bernard Léon Foucault (1819 –

1868)

- Jean Charles Athanase Peltier (1785 – 1845)
- Jean-Marc Lévy-Leblond (1940 –)
- James Chadwick (1891 – 1974)
- James Clerk Maxwell (1831 – 1879)
- James Prescott Joule (1818 – 1889)
- Jean-Baptiste Joseph Fourier (1768 – 1830)
- Johannes Kepler (1571 – 1630)
- John Ambrose Fleming (1849 – 1945)
- Joseph Black (1728 – 1799)
- Joseph Henry (1797 – 1878)
- Joseph John Thomson (1856 – 1940)
- Jun Kondo (1936 –)
- Julius Robert Oppenheimer (1904 – 1967)

L

- Lars Onsager (1903 – 1976)
- Leonardo Da Vinci (1452 – 1519)
- Leonhard Euler (1707 – 1783)
- Lev Landau (1908 – 1968)
- Lisa Randall (1962 -)
- Lise Meitner (1968 – 1878)

- Louis de Broglie (1892 – 1987)

- Ludwig Boltzmann (1844 – 1906)

- Luiz Pinguelli Rosa (1942 -)

M

- Marcelo Gleiser (1959 –)

- Marie Curie (1867 – 1934)

- Mário Schenberg (1914 – 1990)

- Max Born (1882 – 1970)

- Max Planck (1858 – 1947)

- Max von Laue (1879 – 1960)

- Michael Faraday (1791 – 1867)

- Mikhail Lomonosov (1711 – 1765)

- Murray Gell-Mann (1929 –)

N

- Niels Bohr (1885 – 1962)

- Nikola Tesla (1856 – 1943)

- Nicolau Copérnico (1473 – 1543)

O

- Owen Chamberlain (1920 –)

P

- Paul Adrien Maurice Dirac (1902 – 1984)

- Petrus Josephus Wilhelmus Debye (1884

– 1966)

- Philip Warren Anderson (1923 –)

- Pierre Curie (1859 – 1906)

- Paul Scherrer (1890 – 1969)

R

- Richard Feynman (1918 – 1988)

- Robert Grosseteste (1175 – 1253)

- Roger Bacon (1214 – 1292)

S

- Stephen Hawking (1942 –)

- Steven Weinberg (1933 –)

- Sheldon Lee Glashow (1932 –)

T

- Thomas Young (1773 – 1829)

V

- Val Logsdon Fitch (1923 –)

- Victor Franz Hess (1883 – 1964)

W

- Walther Muller (1905 – 1979)

- Wilhelm Conrad Röntgen (1845 – 1923)

- Walter Gilbert (1932 –)

- Werner Karl Heisenberg (1901 – 1976)

• William Crookes (1832 – 1919)

• William Rowan Hamilton (1805 – 1865)

• William de Ockham (1285 – 1349)

• Wolfgang Ketterle (1957 –)

Mulheres físicas importantes no mundo

A

• Fay Ajzenberg-Selove (1926–2012)

• Gisela Anton (* 1955)

• Elena Aprile (* 1954)

• Engin Arık (1948–2007)

• Hertha Marks Ayrton (1854–1923),
Plasmaphysik am Lichtbogen,
Rippelmarken

Laura Bassi

B

• Milla Baldo Ceolin (1924–2011),
experimentelle Teilchenphysik, Prof. in
Padua

• Laura Bassi (1711–1778)

• Katrin Becker (* 1967)

• Melanie Becker (* 1966)

- Marietta Blau (1894–1970)

- Katherine Blodgett (1898–1979)

- Elizabeth Monroe Boggs (1913–1996), sie veröffentlichte als Elizabeth Monroe oder E. M. Boggs, Physikalische Chemie

- Katharina Boll-Dornberger (1909–1981)

- Christiane Bonnelle, Prof. Universität Paris VI, Röntgen-Spektroskopie

- Marie-Anne Bouchiat (* 1934)

- Jenny Bramley (1909–1997), unter anderem Prof. an der University of Oregon, Optik, Atom- und Molekulphysik

- Catherine Bréchignac (* 1946)

- Françoise Brochard-Wyart (* 1944), Institut Curie in Paris, weiche Materie, promovierte bei Pierre-Gilles de Gennes, Prix Jean Ricard 1998.

- Harriet Brooks (1876–1933)

- Dagmar Bruß (* 1963), Prof. in Dusseldorf, Quanteninformatik

- Silke Buhler-Paschen (* 1967)

- Margaret Burbidge (* 1919)

Émilie du Châtelet

Marie Curie (1920)

C

• Élisabeth Charlaix, seit 1997 Prof. an der Universität Claude-Bernard in Lyon und seit 2010 in Grenoble, Nanofluidik und Kräfte Flussigkeit-Wand, 2006 Prix Jean Ricard

• Yvette Cauchois (1908–1999), chemische Physik, Atomphysik, Röntgenkristallographie, Prof. an der Universität Paris VI

• Margaret Cavendish (1623–1673), Herzogin von Newcastle

• Renate Chasman (1932–1977, geborene Wiener), Beschleunigerphysik, Brookhaven National Laboratory

• Émilie du Châtelet (1706–1749)

• Yvonne Choquet-Bruhat (* 1923)

• Mildred Cohn (1913–2009)

• Janine Connes (geb. Roux), Orsay, Fouriertransform-Spektroskopie

• Janet Conrad (* 1963), Columbia University, Neutrinophysik

• Anne Conway (1631–1679)

• Esther M. Conwell (* 1922), University of Rochester, Festkörperphysik, National Medal of Science 20091

• Erika Cremer (1900–1996)

• Marie Curie (1867–1934), Nobel de Física

1903, Nobel de Química 1911,
internationaler Radiumstandard "Curie",
Radiologin im Ersten Weltkrieg

D

• Cornelia Denz (* 1963)

• Cécile DeWitt-Morette (* 1922)

• Constance Dilworth (1924–2004),
Elementarteilchenphysik, Astrophysik, Prof.
in Mailand, mit Giuseppe Occhialini
verheiratet.

• Bianca Dittrich, Quantengravitation,
Perimeter Institute und vorher MPI
Gravitationsphysik Golm

• Athene Donald (* 1953), Medalha Mott

• Klara Döpel (geb. Mannß, 1900–1945,
siehe Robert Döpel)

• Louise Dolan (* 1950), theoretische
Physik, Maria Goeppert-Mayer Award
1987, Prof. an der University of North
Carolina

• Nancy Dowdy (* 1938), Kernphysik,
ehemals Argonne National Lab und
Universität Chicago, wesentlich beim Start
Abkommen 1991 beteiligt,
Abrustungsexpertin

• Persis Drell (* 1955)

• Mildred Dresselhaus (* 1930)

• Barbara Drossel (* 1963), Prof. TU
Darmstadt, statistische Physik2

Tatjana Ehrenfest (um 1910)

E

• Helen Edwards (* 1936), Beschleunigerphysik

• Tatjana Ehrenfest-Afanassjewa (1876–1964)

• Magda Ericson (* 1929), Prof. in Lyon, Kernphysik

F

• Glennys Farrar, theoretische Teilchenphysik, promovierte 1971 in Princeton, Prof. an der New York University

• Sylvia Fedoruk (1927–2012)

• Rosalind Franklin (1920–1958), Biophysik

• Ursula Franklin (* 1921)

• Phyllis Freier (1921–1992), Prof. University of Minnesota, Kosmische Strahlung

Fabiola Gianotti (2009)

G

• Mary Gaillard (* 1939)

- Fanny Gates (1872–1931), Schulerin von Rutherford, Radioaktivität

- Ilse Gebeshuber (* 1969), Nanotechnik, Universität Malaysia, vorher Wien

- Gillian Gehring (* 1941), Medalha Mott

- Elisabeth Giacobino, französische Experimentalphysikerin, Labor Kastler-Brossel, Paris, Forschungsdirektorin der CNRS, Laserspektroskopie (seit 1970er Jahren), nichtlineare Optik, Quanteninformationstheorie, 2010 Prix Félix Robin

- Fabiola Gianotti (* 1962), CERN, ab 2009 Sprecherin der ATLAS Kollaboration

- Ellen Gleditsch (1879–1968), Schulerin von Marie Curie, Prof. fur Chemie in Oslo, Messungen radioaktiver Zerfälle

- Maria Goeppert-Mayer (1906–1972), Nobel de Física 1963

- Gertrude Goldhaber (Gertrude Scharff-Goldhaber, 1911–1998)

- Sulamith Goldhaber (1923–1965), experimentelle Teilchenphysik, Lawrence Radiation Laboratory

- Sibylle Gunter (* 1964)

 Anne L'Huillier (2012)

H

- Hilda Hänchen, Hilda Lindberg-Hänchen bzw. Hilda Lindberg (* 1919), Goos-

Hänchen-Effekt mit Fritz Goos

• Gail G. Hanson (* 1947), Panofsky-Preis

• Lene Hau (* 1959)

• Isolde Hausser (1889–1951)

• Martina Havenith-Neven (* 1963), Univ. Bochum, Molekulphysik, Human Frontier Science Award2

• Evans Hayward (* 1922), Kernphysik, lange am National Institute of Standards

• Martina Hentschel (* 1971), Hertha-Sponer-Preis 2011

• Lieselott Herforth (1916–2010)

• Grete Hermann (1901–1984)

• Joan Hinton (1921–2010)

• Dorothy Hodgkin (1910–1994)

• Anne L'Huillier (* 1958), Atomphysik, Professur in Lund, Julius-Springer-Preis 2003

J

• Cecilia Jarlskog (* 1941)

• Bertha Swirles Jeffreys (Bertha Swirles, 1903–1999), verheiratet mit Harold Jeffreys, Cambridge, Quantentheorie

• Deborah Jin (* 1968)

• Irène Joliot-Curie (1897–1956), Nobel de Química 1935

Hedwig Kohn (1912)

K

- Renata Ernestowna Kallosch (* 1943)

- Berta Karlik (1904–1990)

- Bruria Kaufman (1918–2010)

- Ursula Keller (* 1959)

- Olga Kocharovskaya (* 1956), Texas A & M University, Quantenoptik, Willis-E.-Lamb-Preis

- Hedwig Kohn (1887–1964), Spektroskopie3

- Corinna Kollath (* 1976), Hertha-Sponer-Preis

- Noemie Benczer Koller (* 1933), Kernphysik, Prof. an der Rutgers University

- Doris Kuhlmann-Wilsdorf (* 1922), Materialwissenschaften, Prof. University of Virginia, promovierte in Göttingen

- Jutta Kunz (* 1955), Gravitationsphysik, Prof. in Oldenburg2

L

- Marianne Lambert, emeritierte Prof. fur Festkörperphysik an der Universität Paris-Sud, Prix Félix Robin 1981

- Dominique Langevin (* 1947), Gentner-Kastler-Preis

- Gerda Laski (1893–1928)

• Juliet Lee-Franzini (* 1933), Prof. an der SUNY, New York, experimentelle Teilchenphysik

• Liliane Leger-Quercy, Prof. Universität Paris-Sud, Polymere an Kontaktflächen, Reibung, Adhäsion, 2004 Prix Félix Robin

• Inge Lehmann (1888–1993), Geophysik

• Michal Lipson (* 1970), MacArthur Fellow

• Liu Na (* 1979), Hertha-Sponer-Preis

• Renate Loll (* 1962)

• Kathleen Lonsdale (1903–1971)

• Martha Lux-Steiner (* 1950), FU Berlin und Hahn-Meitner-Institut, Solarenergie2

Lise Meitner (ca. 1946)

M

• Margaret Eliza Maltby (1860–1944)

• Mileva Marić (1875–1948)

• Nergis Mavalvala (* 1968)

• Marcia McNutt (* 1952)

• Helen Megaw (1907–2002), Kristallographie, Universität Cambridge

• Lise Meitner (1878–1968)

• Lucie Mensing (* 1902), fruhe Arbeiten zur Quantenmechanik

• Luise Meyer-Schutzmeister (1915–1981),
promovierte in Berlin, Argonne National
Laboratory, experimentelle Kernphysik,
Beteiligung an unabhängiger Bestätigung
des Mössbauereffekts 1959

• Karina Morgenstern (* 1968), Hertha-
Sponer-Preis

• Margaret Murnane (* 1959), Arthur
Schawlow Preis 2010

Ida Noddack

N

• Chiara Nappi (* 1948), Prof. in Princeton,
Quantenfeldtheorie, Stringtheorie, mit
Edward Witten verheiratet

• Elsa Neumann (1872–1902)

• Gertrude Neumark (1927–2010)

• Ida Noddack (1896–1978)

P

• Felicitas Pauss (* 1951)

• Marguerite Perey (1909–1975)

• Melba Phillips (1907–2004)

• Agnes Pockels (1862–1935)

• Annemarie Pucci (* 1954), Prof. am
Kirchhoff-Institut, Heidelberg,

Oberflächenphysik, dunne Filme2

Q

• Susanne Quabis (* 1966), MPI fur Optik Erlangen, Nanophotonik2

• Helen Quinn (* 1943)

R

• Lisa Randall (* 1962)

• Heidi Reinholz (* 1959)

• Heike Riel (* 1971)

• Sylvie Roke (* 1977), Hertha-Sponer-Preis

• Ilse Rosenthal-Schneider (1891–1990)

• Hildegard Rothe-Ille (1899–1942)

• Olga Georgievna Ryazhskaya, Institut fur Kernforschung (INR) der Russischen Akademie der Wissenschaften (deren korrespondierendes Mitglied sie ist), Markow-Preis 2007, Neutrinodetektoren

S

Lisa Randall

• Irene Sänger-Bredt (1911–1983)

• Myriam Sarachik (* 1933), Prof. City College of New York, Festkörperphysik,

2005 Oliver E. Buckley Condensed Matter Prize

• Elke Scheer (* 1965), Prof. in Konstanz, Festkörperphysik, Gustav-Hertz-Preis2

• Ilme Schlichting (* 1960)

• Inge Schmitz-Feuerhake (* 1935)

• Petra Schwille (* 1968)

• Bice Sechi-Zorn (1928–1984), experimentelle Teilchenphysik, Prof. University of Maryland

• Franziska Seidl (1892–1983)

• Johanna Levelt Sengers (* 1929), National Institute of Standards, Verhalten von Flussigkeiten am kritischen Punkt

• Ekaterina Shamonina (* 1970), Hertha-Sponer-Preis

• Christine Silberhorn (* 1974), Gottfried-Wilhelm-Leibniz-Preis 2011, Heinz Maier-Leibnitz-Preis 2008, Hertha-Sponer-Preis 2007

• Eva Silverstein (* 1970), Stringtheorie

• Clara von Simson (1897–1983)

• Sylvia Speller (* 1967)

• Hertha Sponer (1895–1968)

• Johanna Stachel (* 1954)

T

- Kerstin Tackmann (* 1978)

- Marie-Antoinette Tonnelat (1912-1980)

- Eleonore Trefftz (* 1920)

V

- Elena Vedmedenko (* 1962), Hertha-Sponer-Preis

- Viola Vogel (* 1959), Julius Springer Preis 2006

Katrin Wendland (2010)

W

- Hertha Wambacher (1903–1950)

- Katharine Way (1903–1995), Direktorin des Oak Ridge Lab und Prof. an der Duke University, Kernphysik

- Katrin Wendland (* 1970)

- Myrjam Winning (geb. Diehl, * 1970), Hertha-Sponer-Preis

- Leona Woods (1919–1986)

- Chien-Shiung Wu (1912–1997)

Rosalyn Sussman Yalow (1977)

Y

• Rosalyn Sussman Yalow (1921–2011), Nobel de Fisiologia ou Medicina 1977

Z

• Margit Zacharias (* 1957), Prof. am IMTEK in Freiburg, Nanodrähte2

• Xiaowei Zhuang (* 1972), Max Delbruck Prize 2010

• Christiane Ziegler (* 1964), Prof. Uni Kaiserslautern, Oberflächenphysik2

• Annette Zippelius (* 1949)

Historiadoras da física

• Marie Boas Hall (1919–2009)

• Nina Byers (* 1930), emeritierte Prof. fur Physik an der UCLA, theoretische Physik, Physikgeschichte

• Hertha von Dechend (1915–2001)

• Kristine Meyer (1861–1941), dänische Wissenschaftshistorikerin, zum Beispiel Temperaturkonzept, Örsted, Ole Römer, sie war Physiklehrerin und Herausgeberin der Fysisk Tidsskrift

• Maria Luisa Righini-Bonelli (1917–1981)

• Daniela Wuensch (* 1960)

Lista dos astrofísicos e astrônomos mais importantes do mundo:

A

• Albert Einstein - (1879 - 1955)   Alemanha

• Alexei Filippenko   Estados Unidos

B

• Bart Bok - (1906 - 1983) -   Países Baixos

C

• Camille Flammarion - (1842 - 1925) -
França

• Carl Sagan - (1934 - 1996) -   Estados
Unidos

• Charles Messier - (1730 - 1817) -   França

• Christiaan Huygens - (1629 - 1695) -
Países Baixos

• Cláudio Ptolomeu

D

• Duília Fernandes de Mello - (1963 -)
Brasil

E

• Edwin Hubble - (1889 - 1953)   Estados
Unidos

F

G

• Galileu Galilei - (1564 - 1642) -   Itália

• Georges Lemaître - (1894 - 1966) -
Bélgica

H

• Hicetas - (c. século IV a.C.)

• Hiparco - (190 - 126 a. C.) Bitínia, Roma Antiga

I

• Iosif Shklovsky - (1916 - 1985) -   Império Russo

J

• Johannes Kepler - (1571 - 1630) -   Sacro Império Romano-Germânico

M

• Marc Aaronson - (1950 - 1987) -   Estados Unidos

• Marcelo Gleiser   Brasil

• Max Tegmark

• Maria Teresa Lago

• Michio Kaku

• Milton La Salle Humason (1891 - 1972)

N

• Neil deGrasse Tyson

• Nicolas Louis de Lacaille

• Nicolau Copérnico (1473 - 1543) - Polónia

O

• Olaus Römer - (1644 - 1710) - Dinamarca1

P

• Patrick Geryl

• Percival Lowell

• Petrus Plancius - (1552 - 1622) -   Países Baixos

• Ptolomeu

R

• Rômulo Argentieri

• Rubens de Azevedo

S

• Stephen Hawking

• Svante Arrhenius (1859 - 1927)

T

• Tsutomu Seki - (1930 -) -   Japão

• Tycho Brahe

U

• Urbain Leverrier

Lista de grandes biólogos:

A

• Jean Louis Rodolphe Agassiz, (1807-

1873), zoólogo suíço.

• David Attenborough, (1926-), biólogo e antropólogo inglês.

B

• Joseph Banks, (1743-1820), botânico

• Anton de Bary, (1831-1888), cirurgião, botânico, microbiólogo

• Patrick Bateson, biólogo

• Gaspard Bauhin, biólogo

• Charles William Beebe, (1877-1962), biólogo

• Gunter Blobel, alemão, biólogo e Prémio Nobel

• Stephen L. Buchmann

C

• Rachel Carson (1907-1964), bióloga, autora do livro Silent Spring (Primavera Silenciosa, no Brasil).

• Min Chueh Chang (1908-1991), biólogo.

• Jacques Cousteau (1910-1997), biólogo marinho e explorador francês.

• Leon Croizat (1894-1982), biólogo italiano (botânico), fundador da panbiogeografia.

D

• Anders Dahl, (1751-1789) (origem do nome da Dália)

• Richard Dawkins, (1941-), inglês, biólogo

• Max Delbruck, alemão, biólogo

• Theodosius Dobzhansky, (1900-1975), biólogo

• Charles Darwin, (1809-1882), inglês, biólogo (naturalista)

E

• Sylvia Earle, biólogo.

• Christian Gottfried Ehrenberg, (1795-1876), alemão, biólogo.

• Paul Ehrlich, (1854-1915), alemão, entomologista, Prémio Nobel.

• Johann Friedrich von Eschscholtz, alemão, biólogo e explorador.

F

• Francismar Rodrigues da Silva, (1994-HOJE) [Anápolis-GO, Brazil], biológo

• R. A. Fisher, (1890-1962), inglês, biólogo e estatístico, um dos fundadores da Genética populacional.

• E.B. Ford (1901-1988) inglês, geneticista.

• Dian Fossey, (1932-1985), zoólogo.

• Elias Magnus Fries, (1794-1878), um dos fundadores da moderna taxonomia dos cogumelos.

• Rosalind Franklin, (1920-1958), físico-química e cristalógrafa, contribuidora para o entendimento da estrutura do carvão e do grafite, para pesquisa da estrutura do ADN, e vírus.

G

• Johann Wolfgang von Goethe (1749-1832), (part-time)

• Jane Goodall, (1934-), zoólogo norte americano

• Stephen Jay Gould (1941-2002), paleontólogo norte americano

• Susan Greenfield (1950-), química, bióloga e neurocientista britânica.

• Pavel Groselj, (1883-1940), biólogo e beletrista.

• Gregor Johann Mendel (1822-1884), botânico.

H

• Ernst Haeckel (1834-1919), alemão, físico.

• J. B. S. Haldane (1892-1964), biólogo.

• William Donald Hamilton (1936-2000), inglês, biólogo.

• Willi Hennig (1913-1976), alemão, biólogo, fundador da cladística.

• Cleveland P. Hickman (1958-), biólogo, autor do livro Princípios Integrados de Zoologia.

• Robert Hooke (1635-1703), inglês,

biólogo citologista.

• Sarah Blaffer Hrdy (1946-), biólogo antropóloga.

• Thomas Henry Huxley (1825-1895), inglês, cientista.

• Libbie Hyman (1888-1969), biólogo zoólogo.

• Hermann von Ihering (1850–1930), biólogo naturalista alemão

• Johann Karl Wilhelm Illiger (1775–1813), biólogo entomologista

J

• Wilhelm Johannsen, (1857-1927), criador do termo gene.

• Antoine Laurent de Jussieu, (1748-1836), botânico, biólogo.

• Ernest Everett Just, biólogo.

• James Watson biólogo - Descobridor da dupla hélice.

• Johanna Döbereiner, pioneira na Biologia do Solo.

K

• Motoderu Kamo.

• Stuart Kauffman, biólogo.

• Motoo Kimura, biólogo.

• Alfred Kinsey, norte-americano, biólogo,

pai da sexologia.

- Bernhard Adalbert Emil Koehne, (1848-1918), alemão.

- Robert Koch, (1843-1910), alemão, Prémio Nobel.

- Hans Kornberg, britânico.

L

- Friedrich Loeffler, alemão, biólogo.

- Jean-Baptiste Lamarck (1744-1829), criador do termo biologia.

- Charles Alexander Lesueur, biólogo.

- Richard Lewontin, biólogo.

- Aristid Lindenmayer, biólogo.

- Carolus Linnaeus. Frequentemente considerado como fundador da sistemática e um dos pais da biologia moderna.

- Konrad Lorenz (1903-1989), austríaco, fundador da etologia.

- James E. Lovelock (1919-), biólogo.

- A. S. Loukashkin, biólogo.

- Salvador Luria, microbiólogo.

- Thiago Lotfi, estudante em biologia

M

- Marcello Malpighi (1628-1694), biólogo.

- Lynn Margulis (1938-2011), bióloga.

• Maud Leonora Menten (1879-1960),
bióloga.

• John Campbell Merriam (1869-1945),
biólogo.

• August Karl Arnold Michaelis (1847-
1916), biólogo.

• Leonor Michaelis (1875-1949), biólogo.

• Rita Levi-Montalcini (1909-2012), bióloga.

• Ernst Mayr (1904-2005), alemão, biólogo,
trabalhou nos Estados Unidos.

• Barbara McClintock (1902-1992), biólogo.

• Gregor Mendel (1822-1884), descobriu a
hereditariedade.

• Luc Montagnier (1932-), francês,
descobriu a síndrome da imuno-deficiência
adquirida.

• Thomas Hunt Morgan (1866-1945),
biólogo.

• Roger Morse (1927-2000), professor,
investigador, autor sobre apicultura.

• Desmond Morris (1928-), britânico,
biólogo.

• Mauro Maciel Buarque (1947-), brasileiro,
biólogo.

• Humberto Maturana (1928-), biólogo
chileno (Neurobiologia), um dos criadores
da teoria da autopoiese e da Biologia do
Conhecer.

N

• Gary Paul Nabhan, co-autor de "Forgotten Pollinators".

• John Needham, biólogo.

O

• Aleksandr Oparin, (1894-1980), biólogo

• Richard Owen, (1804-1892), biólogo

P

• Ronilson José da Paz (1965-), biólogo limnologista.

• Christian Hendrik Persoon (1761-1836), biólogo.

• Jean Piaget (1896-1980), biólogo epistemólogo.

• Gregory Goodwin Pincus (1903-1967), biólogo farmacológico.

Q

• Jean Louis Armand de Quatrefages de Bréau (1810–1892), biólogo naturalista.

• Jean René Constant Quoy (1790–1869), biólogo zoólogo.

R

• Richard Rasmussen (1970-), biólogo naturalista.

• Ana Sofia Reboleira (1980-), especializada em Biologia subterrânea.

• Sidarta Ribeiro (1971-), neurobiólogo, especialista em estudos de sono e memória

• Alfred Romer (1894-1973), especialista em paleotologia dos vertebrados.

• Robert Rosen (1934-1998), biólogo teórico.

S

• Carl Sagan (1934-1996), norte-americano, astrônomo e biólogo.

• Luiz Saldanha (1937-1997), português, biólogo marinho e oceanógrafo.

• Theodor Schwann (1810-1882), alemão, fisiologista.

• Matthias Jakob Schleiden (1804-1881), alemão, co-fundador da teoria celular.

• Rupert Sheldrake (1942-), biólogo.

• Rolf Singer (1906-1994), alemão, micologista.

• John Maynard Smith (1920-2004), biólogo.

• Lazzaro Spallanzani (1729-1799), biólogo.

• Roger W. Sperry (1913-1994), biólogo.

• Edwin Southern (1938), biólogo e bioquímico.

• Kaspar Maria von Sternberg (1761-1838), fundador da paleobotânica

• Nettie Stevens (1861-1912), bióloga.

T

• Armen Takhtajan (1910-2009), biólogo botânico.

• Theofrasto (372 a.C. - 287 a.C.), biólogo.

• Robert Trivers (1943-), biólogo evolucionista.

• Ruth Turner (1915-2000), pioneira da biologia marinha.

U

• Jakob von Uexkull (1864–1944), biólogo, fundou a biossemiótica

V

• Paulo Emílio Vanzolini (1924-2013), biólogo zoólogo e cantor brasileiro.

• Francisco Varela (1946-2001), biólogo e filósofo chileno, um dos criadores da Teoria da Autopoiese e da Biologia do Conhecer.

• John Craig Venter (Craig Venter) (1946-), biólogo bioquímico.

W

• James Watson (1928-), biólogo, co-autor da descoberta da estrutura da molécula de ADN, Prémio Nobel.

• Alfred Russel Wallace (1823-1913), inglês, naturalista e biólogo, co-autor da descoberta da teoria da evolução com Charles Darwin.

• August Weismann (1834-1914), alemão, biólogo.

• Edward Osborne Wilson (1929-), biólogo entomologista.

• Carl Woese (1928-2012), biólogo.

• Sewall Wright (1889-1988), biólogo.

X

John Xantus de Vesey (1825–1894), biólogo zoólogo.

Y

William Yarrell (1784–1856), biólogo naturalista.

Z

Floyd Zaiger (1926-), biólogo geneticista de frutas.

Eberhard August Wilhelm von Zimmermann (1743–1815), biólogo zoólogo.

Karl Alfred von Zittel (1839–1904), biólogo palaeontologista.

Joseph Gerhard Zuccarini (1797–1848), biólogo botânico.

As estratégias de sobrevivência das sociedades são classificadas em três hipóteses mais prováveis e lógicas:

a) Migração;

b) Adaptação ao meio ambiente;

c) Adaptação do meio ambiente através de ação direta sobre ele nos meios macro e micro ambientes.

Interessa a nós os dois últimos casos.

 Parece ser o caso (b) o caso daquelas comunidades, culturas e civilizações que se submetem às condições ambientais e apenas sobrevivem às condições sem fazerem esforço extremo apenas se valendo da fortuna e da tradição para sobreviverem sem muitas mudanças de hábitos ao longo das gerações, é o caso dos autóctones e nativos, em geral com um modo de vida bastante simples e com muitos hábitos esotéricos e diferenciados das outras civilizações.

Não costumam inovar e refletirem sobre os seus hábitos seculares porque aquilo funciona a milhares de gerações e os únicos trabalhos destas culturas é preservá-la e ensinar às próximas gerações todos os procedimentos e hábitos seculares e lutarem para preservá-los sem fazer a autocrítica ou qualquer improvisação.

O caso (c) é aquele que nos indica que as mudanças são uma constante para criar novas alternativas mais dinâmicas e eficazes de superar as limitações impostas pelo meio ambiente, modificando-o através da engenharia das construções, da medicina, da engenharia genética, da bioengenharia, da administração, das ciências básicas como a Matemática, Física, Química que através de seu conhecimento manipulam as forças e elementos naturais no sentido de ampliar as possibilidades de sobrevivência e ampliar o conforto de sobrevivência de modo a neutralizar e de superar as limitações impostas pelo clima severo.

Para isso se descobriu que o conhecimento científico amplia muito mais as possibilidades de se domesticar a natureza do que a contemplação respeitosa, resignada, subordinada e religiosa dos povos tradicionais que se resignam a esperar que a natureza faça o seu trabalho periódico e imutável, ao contrário, o conhecimento científico da natureza é utilizado para compreendê-la e domesticá-la.

Assim o trabalho braçal foi gradualmente estendido, substituído, superado e eliminado pelos povos pós-revolução industrial, deixando de ser penoso e exclusivamente dependente das forças humanas e animal, para ser extraído do trabalho escravo das máquinas a vapor, da eletricidade, dos computadores ao invés do trabalho escravo, libertando o ser humano de um sistema social injusto e perverso como foram a escravidão e como foi a servidão na Idade Média.

A ciência trouxe junto a possibilidade de ampliar a produtividade da fabricação em quantidades inimagináveis de produtos que antes eram artesanais e exclusivos das

classes econômicas privilegiadas, quebrou
e derrubou os muros dos feudos e
espalhou a moeda pelos campos e
cidades, fazendo ressurgir a sociedade
multicamada e mudando a maneira de
pensar medieval nas artes, nas ciências,
na economia, na medicina, no comércio e
nas estruturas sociais e religiosas.

Assim sobrava tempo para se pensar. O
neandertal tinha que trabalhar muitas horas
por dia para garantir o seu almoço, mas, o
neandertal das neves ainda era obrigado a
acumular víveres para os dias muito frios.

Pode ter sido este o momento da criação
da sociedade humana, no frio, com a
obrigação da sedentarização por alguns
meses da sua rotina de andarilho, caçador
e coletor, passando a ser um acumulador,
e quem descobriu isso mais cedo, mais
cedo criou as condições de surgimento de
um grupo social coeso, da invenção da
família e da sociedade, e com ela o povo e
o Estado, a necessidade de regras sociais
mínimas de convivência e de
sobrevivência.

A conservação dos alimentos não era
problema, já que o gelo fazia isso, mas
havia a necessidade de obter calor do fogo,
então era preciso preservar o fogo e/ou
saber provoca-lo.

"Início da sociedade: marcada como uma
'primeira revolução', a construção de
abrigos e a constituição das famílias
determinam o fim do nomadismo. A
linguagem toma características tribais e

esta foi uma época de relativa felicidade, com o aparecimento do amor.

Os males surgentes serão a vaidade e a comparação." Jean Jacques Rousseau – Discurso sobre as origens e os fundamentos das desigualdades da sociedade humana...

Os teóricos da Ciência da Economia construíram uma hipótese antropológica interessante sobre a origem da agricultura, da criação de animais domésticos e da criação em cativeiro de pequenos animais domésticos para o fornecimento dos alimentos.

 Diz esta teoria que há cerca de 50 mil anos passados fora o frio intenso quem propiciou a escolha da alternativa da invenção da economia doméstica, a agricultura, a linguagem falada, a criação de animais domésticos, criou a casa, criou os primeiros móveis domésticos.

O macho homo sapiens nesta época não participava da vida doméstica, que era formada pelo grupo das mulheres, das crianças e bebês humanos. Sabemos disso com certeza porque somente nos últimos cinco mil anos a cultura humana começou a estabelecer a associação entre o sexo heterossexual e a reprodução.

Então o macho sapiens ignorava por completo a vida em família como conhecemos hoje, formada por um casal heterossexual como reprodutor da espécie humana.

Este fato é o fundamento da História da cultura humana.

Em sua solidão histórica, vagando pela natureza selvagem, passando cerca de nove meses prenha e tendo que cuidar da prole durante os períodos de puerpério tinha a fêmea sapiens a cuidar de si apenas as suas parceiras, já que o macho achava que nada tinha a ver com aquela situação embaraçosa em que as fêmeas humanas adultas sexualmente a cada nove meses andavam envolvidas.

 Depois do período do pós-parto era longo o tempo de lactação do bebê humano. Solitariamente.

O sexo para o homo sapiens masculino era indistinto: homens, mulheres, velhos, novos, irmãs, tias, mães, avós nada escapava porque não se havia estabelecido os fundamentos dos laços familiares, porque o macho sapiens vivia caçando, viajando, nômade, e coletando alimentos de fortuna, em grupos de homens machos sapiens, às vezes retornando ao círculo onde nascera casualmente.

Como fixar o macho perto das fêmeas e segregá-lo do grupo dos machos, sedentarizando-o?

Este era o desafio dos sapiens.

Então, as fêmeas sapiens não podiam acompanhar constantemente os machos sapiens em suas jornadas de caçadas e coletas de alimentos de fortuna, porque estavam sempre prenhas, amamentando ou carregando as suas crias, suas tralhas domésticas, sem saberem quem eram os pais de suas crias, - sem que elas pudessem associar o ato sexual ao ato da gestação - foi o frio intenso quem propiciou a escolha da alternativa da invenção do casal, então espertamente as fêmeas criaram algumas táticas comportamentais que em conjunto tornou-se uma estratégia muito eficiente para resolver este problema:

a) Inventaram o conceito de beleza feminina;

b) Inventaram a família;

c) Inventaram o amor;

d) Inventaram a sexualidade macho-fêmea;

e) Inventaram o casamento;

f) Inventaram a fidelidade;

g) Inventaram o lar;

h) Inventaram a agricultura;

i) Inventaram a criação de animais domésticos;

j) Inventaram a Economia;

k) Inventaram a propriedade privada;

l) Inventaram a poupança;

m) Inventaram as regras de moral e ética;

n) Inventaram a religião;

o) Inventaram a cultura humana;

p) Inventaram o machismo, depois o feminismo.

Com isso devido ao clima de frio intenso que durava meses, foi o frio intenso que propiciou a escolha da alternativa da invenção do confinamento dos machos e das fêmeas em grupos menores e depois em casais semipermanentes, as quais criaram atrativos para os machos sapiens se interessarem em permanecerem perto das fêmeas sapiens durante os momentos longos de inverno e perto das crias das fêmeas sapiens antes, durante e depois das estações muito frias que mesmo sem saberem que tinha participação genética naquele processo de reprodução, a priori, portanto, as fêmeas tiveram que criar muitos interessantes atrativos para que os machos trocassem a sua liberdade de bicho nômade pela sedentarização junto a uma prole que ele não assumiria como se fosse de sua cota genética.

Quanta engenhosidade feminina!

O conceito de beleza é uma invenção feminina, segundo o filósofo Rousseau, quando da pré-história a fêmea humana criou-o para se distinguir das outras demais fêmeas para prender e chamar e prender a atenção do macho da espécie homo durante o confinamento do inverno rigoroso de meses de duração.

Acontece que o macho pré-histórico era nômade e promíscuo. Para o macho toda mulher era igual, sem distinção, qualquer uma serviria, a não ser por uma eventual doença ou velhice.

Não haviam sido ainda naquela época estabelecidas na cultura e na Biologia a co-relação de causa e de feito entre o sexo, o macho, gravidez e a reprodução.

Acontecia que as fêmeas, também promíscuas e infieis como os machos, passavam por três ocasiões em suas existências em que precisavam da presença companheira que eram no momento final da gravidez, no parto, e na fase de aleitamento das crias, quando precisavam ser auxiliadas no parto e na fase pós-parto para cumprirem as suas atividades.

E o frio era a ocasião ideal para manter o macho por perto.

Não perderam a chance.

Assim a fêmea precisou inventar a família, e consequentemente o amor moral, enquanto o macho somente conhecia o amor físico, sexual, casual.

Então a fêmea inventou a beleza, começando a se enfeitar para atrair o macho e sedentarizá-lo, para ele sempre se lembrar daquela fêmea, mostrar que ela era diferente das demais fêmeas, bonita, usando adornos, cuidando dos cabelos, chamando a atenção para partes do corpo e para a sua identidade que era principalmente o seu rosto, começando assim uma competição com outras fêmeas pela atenção do macho. Assim quebrava a monotonia do confinamento longo ela então tinha tempo de sobra para ensaiar mudanças na sua estética e testá-las com o seu macho.

As fêmeas passaram a verificar as coisas que atraíam mais os machos em seus corpos para destacá-las, e a esconder as partes consideradas menos atrativas, para criar laços afetivos e morais.

 Assim fora inventado o conceito de beleza.

Que engenharia!

A mulher ajudada pelas estações de frio intenso quem propiciou a escolha da alternativa da cooperação e consequentemente inventou a família, o amor moral, a beleza, a monogamia, o ciúme, para manter a exclusividade e a fidelidade do macho através do afeto.

A mulher, para fugir do frio intenso que impedia o esforço da caça, domesticou os animais que serviam de alimento; para fugir da coleta de alimentos durante o inverno enterrou e transplantou alguns vegetais e percebeu que poderiam viver e crescer, inventando assim a agricultura e economizando caminhadas pelas paragens para coletar alimentos e atrair o macho demonstrando a sua habilidade de provedora alternativa, laboriosa e cuidadosa.

 Os machos em suas caçadas precisavam

do fator surpresa, por isso mal emitam ruídos que pudessem afastar as presas. Ao contrário, as fêmeas sapiens precisavam se comunicar constantemente, permanentemente, continuamente, então inventaram a fala, a linguagem falada.

As mulheres estabeleceram as primeiras regras de moral para organizarem o acesso ao novo brinquedinho sexual feminino disponível por longos meses no inverno, para isso veio de brinde a invenção da sensualidade feminina, ao contrário do folclore sobre o tacape e o estupro masculino, agora a mulher virou uma commodity sexual e precisava valorizar o acesso a ela com regras que permitiam e proibiam o sexo entre parentes, entre homens, entre mulheres e com as crianças.

Estava inventada a moral, a tradição, a Ética, então a religião foi o passo seguinte.

A mulher vivia em uma situação privilegiada na era pré-tecnológica, quando o trabalho significava quebrar pedras com marreta, não como o é agora, quando se trabalha atrás de um teclado de computador ou num caminhão com câmbio automático e direção hidráulica que até um tetraplégico consegue dirigir.

Mas esta não fora a alternativa geral, algumas civilizações não souberam construir alternativas como estas para a sua organização social, econômica, política, humana, religiosa e cultural.

E o frio tem muito a ver com essa escolha,

com certeza.

A lista de cientistas e intelectuais mostra de
onde vem a maioria dos avanços da
intelectualidade, da ciência e da
paraciência humanas: dos países e
civilizações do frio.